INSPIRES
Anna-Mette Thomsen

BÆREDYGTIG COACHING

– vejen til sund performance

En grundbog

Bæredygtig coaching
- vejen til sund performance

2. udgave og 1. oplag.
INSPIRES, 2022
Tryk: BoD – Books on Demand, Norderstedt, Tyskland
ISBN 978-87-992225-2-0

Illustreret af Sabrine Søegaard
Layout af Line Ravn

INDHOLDSFORTEGNELSE

Del 2

FORORD

"De mest værdifulde ressourcer en virksomhed har, er dem der kommer tilbage hver dag."

– A. Thomsen

Denne tilgang er udviklet til at skabe bæredygtighed for de medarbejdere og ledere, der gør deres bedste hver dag, så de kan komme godt i mål igennem høj performance og arbejdsglæde.

Jeg har siden 2005 været optaget af coaching, og alt det, virksomheder kan opnå med coaching. 83 procent af de virksomheder, der har indført coaching i Danmark, har kunnet dokumentere, at udbyttet har været væsentlig større end investeringen. Jeg har igennem årenes løb coachet direktører, chefer, ledere, nøglemedarbejdere, teams, hele afdelinger, hele organisationer hen imod mål, de enten har fået stillet eller har formuleret i selve processen.

Performanceforskning fra Locke og Latham har vist, at der er en afgørende sammenhæng mellem målsætninger og organisationens profit på bundlinjen. Der er altså en god grund til, at vi anvender coaching og performance i organisationer.

Men bagsiden bliver ofte overset. For syv år siden mødte jeg en mand, som ønskede coaching. Efterhånden som dialogen skred frem, opdagede jeg, at han ikke havde brug for coaching, men derimod for at bremse mere op, han var stresset. Jeg advarede ham imod konsekvenserne af ikke at holde pauser og bevare en god balance i sit liv. Vi var desværre ikke enige, og efter tre sessioner stoppede han.

Seks måneder senere mødte jeg en af hans kollegaer, hvor jeg spurgte hende, hvordan han havde det. Hun kiggede underligt på mig, som om mit spørgsmål var forkert. Og det var det! Hun fortalte mig, at han var faldet død om af en hjerneblødning. Jeg havde det skidt efter nyheden om hans død, jeg blev ved med at vende tilbage til: Kunne jeg have gjort mere for at stoppe ham? Det udløste masser af spørgsmål til mig selv: Kan jeg forhindre det her fremover? Hvad skal jeg gøre for at forhindre det? Kan jeg skabe performance på en anden måde?

I årene, der gik, tænkte jeg på ham i ny og næ, jeg ville så gerne finde løsningen til at forhindre det, der skete med ham, kunne ske med andre. Jeg gav mig selv et formål: Find en metode til at skabe høj performance, men uden stress.

Herudfra voksede mine tanker og idéer sammen med performanceforskningen, og i denne kobling blev min bæredygtige tilgang født. Mit svar blev det, jeg kalder bæredygtig coaching. I denne bog vil jeg uddybe mit svar, som er baseret på de seneste 50 års forskning. Jeg har afprøvet tilgangen og modellen i praksis. Mit bidrag bliver således det, jeg vil kalde fjerde generations coaching.

Jeg har afprøvet mange tilgange og værktøjer i praksis til at skabe en optimal performancebalance ved hjælp af forskellige sunde strategier. Det vender jeg tilbage til.

Jeg har arbejdet med coaching og kognitiv adfærdsterapi i 17 år og har derfor valgt at indarbejde adfærdsdesign ind i tilgangen sammen med forskningen omkring sunde strategier.

Det nye i denne tilgang er at tænke bæredygtighed ind i de menneskelige ressourcer, som bliver et omdrejningspunkt for at skabe vedvarende høj performance.

Herudover adskiller jeg mål i tre grene: Performancemål, læringsmål og kreative mål. Jeg har ændret den måde, som vi skaber og udvikler handleplaner på, så det bliver en bæredygtig handleplan, der kan udføres i praksis.

Jeg har designet tilgangen, så vi skal tage højde for de ubevidste mål, da disse kan neutralisere stillet mål, så vi sikrer, at fokuspersonen kommer i mål.

Jeg har også tilføjet, at rejsen hen imod målet skal nydes, så vi sikrer høj motivation og sundhed hele vejen.

Jeg har lagt en sikring ind til at skabe accelerering, balance, læring og evaluering på baggrund af den bæredygtige handleplan. Alt sammen til målopnåelse med effekt.

Da de 17 verdensmål blev søsat i 2016, blev jeg glad for at se ambitionerne omkring et bæredygtigt arbejdsliv.

Tilgangen kan anvendes direkte til at hjælpe organisationer med verdensmål nummer tre – sundhed og trivsel. Vi kan ligeledes anvende tilgangen til verdensmål nummer otte – anstændige jobs og økonomisk vækst.

Jeg ønsker, at alle får mulighed for at have et godt bæredygtigt arbejdsliv, hvor trivsel er en selvfølgelighed.

Jeg ønsker dig en rigtig god læselyst!

Anna-Mette Thomsen, Esbjerg.

Om bogens opbygning

Bogen er delt op i to overordnede dele. Første del omhandler de tilgange, bæredygtig coaching bygger på. Denne del er både teoretisk og omhandler den bagvedliggende forskning.

Ønsker du at gå mere direkte til fadet, så spring over første del, men læs lige Kapitel 7 om feedback, inden du læser anden del.

I anden del af bogen beskrives modellen, som jeg kalder SUSTAIN-ABLE. Her uddyber jeg den i detaljer, altså hvordan du anvender den i praksis.

I denne bog vil jeg fokusere på at uddybe tilgangen "bæredygtig coaching", som er udviklet til at skabe sund performance management i organisationer. På et organisatorisk niveau skaber vi således en bæredygtig handleplan. Den dækker både over en KPI, som står for "Key Performance Indicator", koblet med en KBI, som står for "Key Behavioral Indicator", til at skabe sund performance. Jeg har tilføjet et fokus på sunde strategier på flere niveauer. Den bæredygtige handleplan tager både højde for ikke at nedbryde de menneskelige ressourcer eller de menneskelige relationer. En handleplan er ikke bæredygtig, hvis den ikke rummer dette eller er i overensstemmelse med virksomhedens andre mål.

Jeg vil i bogen introducere dig for en masse viden, og jeg har forsøgt at gøre det lettere for dig ved at navngive de vigtige ting, som du skal tage med bagefter, når du skal anvende tilgangen i praksis. Du skal se det som en royal flush. Modellen i bæredygtig coaching hedder SUSTAIN-ABLE, og er dit es. Konteksten er kongen, feedback er dronningen, kunsten at stille spørgsmål til at skabe bæredygtighed er knægten, samt den bæredygtig handlingsplan er din 10'er, der får fokuspersonerne holdbart i mål.

Modellen SUSTAIN-ABLE er udviklet til og kan anvendes på forskellige niveauer både til medarbejdere, ledere, teams, afdelinger og organisationer.

I denne bog vil jeg kun fokusere på metoden til at få enkelte fokuspersoner godt i mål.

Modellen SUSTAIN-ABLE er også anvendelig i forhold til gennemførelsen af projekter og forandringer; her kan modellen med fordel anvendes, da det øger tilslutning og involvering i udviklingsprocesser og forandringsprocesser.

Jeg vil opstille forskellige cases, som illustrerer, hvordan jeg har anvendt tilgangen i forskellige organisationer.

Modellen SUSTAIN-ABLE forudsætter dog en viden om at leve i balance med sunde strategier – dette kan du læse meget mere om i anden del af bogen på trin tre.

Sidst i bogen kommer jeg med et vejledende bud på de spørgsmål, som du kan stille igennem de 11 trin i modellen. Spørgsmålene er en inspiration og skal altid tilrettes den enkeltes kontekst.

01
Del 1

BÆREDYGTIG COACHING

"Hvad er værdien i at komme i mål, hvis du ikke har det godt undervejs eller bagefter?"

– A. Thomsen

Et højt specifikt mål udført i praksis er et resultat. Når rejsen er bæredygtig, kan resultaterne skabes igen og igen.

1.1. Hvad er bæredygtig coaching?

Coaching rummer en effekt, der vises på bundlinjen. Men effekten kan være skadelig for de mennesker, der skaber resultaterne. Jeg har i årenes løb haft mere end 10.000 coachinger og har set bagsiden af performancekulturen for dem, der skaber resultaterne.

Vi ved, at performance management skal skabe engagement og hermed resultater. Det handler om at have klare mål for performance. God performance er også afhængig af de rette kompetencer for at kunne udføre opgaverne – motivation skabes igennem opfølgning kombineret med feedback, der giver både guidning og tilbagemelding på performance. Målene kan dog stille og roligt blive justeret op for år til år. Det betyder, at dem, der performer, udfører mere og mere.

Udfordringen bliver, at performance forventes at blive udført uden hensyn til udøveren. Men det er lederen og medarbejderen, der bliver stresset, sygemeldt og sendt til behandling. Årsagen til stress fremstår som deres mangler og ikke, hvordan vi anvender performance. Det bliver vi nødt til at gøre op med.

Jeg oplever dagligt, at ledere ikke ønsker deres medarbejdere bliver stresset, de forsøger at tage en masse tiltag for at undgå det, men samtidigt skal medarbejderen performe. Det bliver et vanskeligt skel mellem at skabe performance på den ene side over stress på den anden side. Vælger vi at ændre fokus på de menneskelige ressourcer, så behøver valget ikke at blive enten eller.

Vælger vi herimod at kombinere performance og bæredygtighed, så er det en uudtømmelig kilde til at skabe resultater igen og igen. Det behøver ikke være livsfarligt at gå på arbejde, hvis vi tænker bæredygtighed ind i performancekulturen. Det bæredygtige element bliver således i forhold til de menneskelige ressourcer, som vi sørger for ikke at nedbryde. Alle kan blive stresset, hvis de skal blive ved med at skulle performe uden sunde strategier som pauser, hvil, gåture, kollegialhygge, søvn osv.

Selvom jeg dagligt anvender coaching, så er det altid med øje for, om det er bæredygtigt for fokuspersonen.

Definitionen på bæredygtighed er således: "At sikre eller

indebære holdbare positive resultater uden at ødelægge det forelæggende grundlag".

- 1977, Den danske ordbog.

Bæredygtig coaching bliver derfor en kontradefineret dynamisk proces, hvor målet ikke kan eksistere uden en afbalanceret rejse hen til målet. Det ene kan i bæredygtig coaching derfor ikke eksistere uden det andet. Bæredygtig coaching handler netop om at bevare et funktionelt balancepunkt til at skabe performance igen og igen.

Min definition af tilgangen bliver derfor: Bæredygtig coaching er at komme i mål på den bedst mulige måde, hvor vejen til målet og selve målet er bæredygtigt.

Bæredygtig coaching er også en kommunikationsform baseret på en dialogisk dans mellem coachen og fokuspersonen, hvor feedback har en central rolle fra begge parter. I bæredygtig coaching bliver der skabt bevidste valg og konkrete handlinger (adfærd) både igennem spørgsmål og feedback.

Fokuspersonen coaches enten på performancemål, læringsmål eller kreative mål med alle former for sunde strategier undervejs, således der er fokus på både performance, læring eller kreativitet uden at nedbryde fokuspersonen, hvorfor kernen også er lagt på de sunde strategier. Jeg kommer nærmere ind på performancemål, læringsmål eller kreative mål senere.

Et mål defineres som et objekt eller sigte, vi har efter en udført handling.

 I en arbejdsmæssig sammenhæng er det det nødvendige niveau af performance, der udføres hen til målet. Det bliver således en metode, der kan hjælpe medarbejdere, ledere, teams, afdelinger og organisationer med at vurdere, hvor godt det går med at indfri deres mål. KPI'er (Key Performance Indicator) giver viden om, hvordan vi performer i forhold til vores mål, og hvor der er plads til forbedring og udvikling. KBI (Key Behavioral Indicator) er de adfærdsindikatorer, der er væsentlige for den enkelte medarbejdere eller teamet til opnå den ønskede adfærd til at skabe god trivsel, som understøtter KPI.

Jeg har udviklet KPI og KBI i et bæredygtigt perspektiv og valgt at kalde den en bæredygtig handleplan. Brugt på den rigtige måde kan den skabe motivation og høj trivsel. Der skal for eksempel ikke opsættes performancemål for den enkelte medarbejder, som gør, at det strider imod teamet eller afdelingens mål, da forskningen viser, at hvis fokuspersonen skal vælge mellem sit eget mål og teamets/afdelingens mål, så vælger fokuspersonen sit eget performancemål, hvorfor det ikke er bæredygtigt og vil modarbejde den generelle trivsel samt påvirke kulturen i en negativ retning. Bæredygtighed skal ses hos den enkelte fokusperson, men også i en større organisatorisk helhed.

1.2. Hvad bygger bæredygtig coaching på?

Målsætningsforskningen handler om at motivere og skabe performance. Bæredygtig coaching handler også om motivation og skabe performance, men ikke uden, at fokuspersonen har det godt hen til målet og bagefter. Målsætning er en af de mest valide samt praktiske tilgange omkring medarbejdermotivation i organisationspsykologien.

Bæredygtig coaching tager det bedste fra den systemiske tilgang, positiv psykologi, mindfulness, den løsningsfokuserede tilgang, feedback og forskning. Grundlaget i bæredygtig coaching bygges illustrativt på:

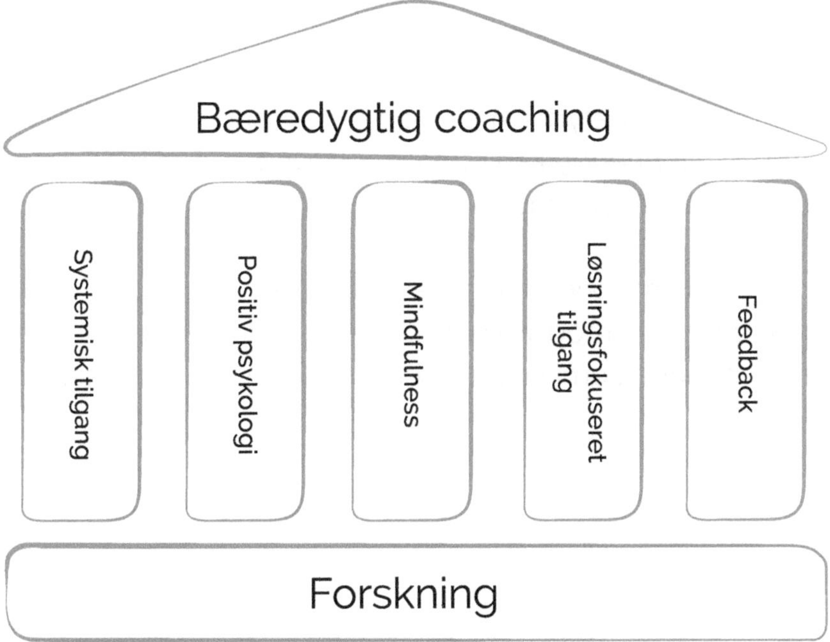

Forskningen fra adfærdsdesign er tilføjet for at forstærke handlingerne og vejen til målet på den bedst mulige måde. Forskningen er grundstenen i bæredygtig coaching, tilgangen er derfor skabt på et evidensbaseret grundlag.

I Del 2 vil jeg også løbende uddybe forskningsresultaterne i modellens trin SUSTAIN-ABLE.

Biprodukterne af denne tilgang er, at fokuspersonerne kan forblive effektive, have arbejdsglæde og kan skabe høj performance igen og igen uden stress.

1.3. Begrebsafklaring

Jeg vil lige uddybe et par begreber, som jeg anvender igennem bogen.

"Self-efficacy" betyder målingen af fokuspersonens tro på, om han eller hende kan opnå målet. Dette begreb henviser jeg til flere steder i bogen.

En lærende målorientering betyder, at fokuspersonen har en orientering hen imod at tilegne sig nye færdigheder. Dette begreb er centralt omkring feedback og påvirker self-efficacy.

02

FORSKNING

Målsætning er, som nævnt, en af de mest valide og praktiske tilgange omkring performance og medarbejdermotivation i organisationspsykologien. Locke og Latham har afprøvet deres tilgang i både laboratorier, i organisationer og i andre arbejdsmæssige scenarier. Den er afprøvet på mere end 40.000 fokuspersoner i over 50 år. Deres seneste forskning og viden er derfor unik og et afgørende fundament i bæredygtig coaching.

Efter at have anvendt og udviklet bæredygtig coaching i praksis besluttede jeg at finde forskningen frem igen, fordi metoderne, jeg havde anvendt med god effekt, er godt underbygget. Jeg vil derfor fremhæve, hvad Locke og Latham opdagede, påvirkede performance. Denne viden er blevet udvandet, og flere vigtige parametre bliver overset. Locke og Latham har i omtrent 400 undersøgelser opdaget to overordnede kernefund:

1. Der er et lineær forhold mellem sværhedsgraden og performance. De opdagede, at fokuspersonerne med de højeste mål performede over 250 procent højere end dem med lette mål. Der var et lighedstegn mellem høje, svære

mål og performance, undtagen hvis fokusper-
sonerne ikke havde evnerne til at opnå målet.

2. Specifikke, svære mål medførte højere per-
formance end ingen mål eller vage mål og
abstrakte mål som "gør-dit-bedste". 96 procent
af undersøgelserne viste fordelene ved af at
sætte et specifikt højt mål.

Et mål hjælper os med at fokusere på, hvad vi skal handle på.
Det giver vores handlinger retning. Et mål kan også give os
energi og mere udholdenhed. Et højt specifikt mål medfører,
at vi yder en højere indsats, end hvis målet er lavt.

Er opgaven ny, så vil fokuspersonen planlægge, hvordan
han eller hende udvikler strategier, der gør én i stand til at
opnå målet. Men så er det ikke et performancemål, så er det
et læringsmål.

Fokuspersoner, der tror på, at de kan opnå målet, har større
sandsynlighed for at udvikle effektive opgavestrategier til at
løse opgaven og komme i mål. Troen på det kalder vi som
sagt self-efficacy.

2.1. Parametre

Overordnet opstiller Locke og Latham disse forudsætninger
for, at et specifikt, svært performancemål skal fungere:

- Fokuspersonen skal have mulighed for at udføre opgaverne – enten kendte opgaver eller opgaver, der let kan tilegnes.
- Fokuspersonen skal have mulighed for at opnå målets sværhedsgrad.
- Fokuspersonen skal kunne udføre indsatsen, der kræves for at nå målet.
- Fokuspersonen skal have feedback på opgaveløsningen og strategierne til at opnå målet, samt fremskridtene.
- Fokuspersonen oplever, at målopnåelse giver mening – en forståelse af, hvorfor målet er sat, og hvordan målet er sat.
- Fokuspersonerne skal have self-efficacy (tro på, at de kan opnå målet).
- Fokuspersonen skal acceptere målet.
- Fokuspersonen skal have mål commitment.
- Fokuspersonen skal have indflydelse på opgaverne.

De fokuspersoner, der havde evnerne til at opnå målet, opnåede mere med mål end uden mål.

Høj tilfredshed er et indirekte resultat af høj performance, når belønningen står i forhold til ydeevnen. Det betyder, at hvis fokuspersonen skal have arbejdsglæde, så er der nødt til at være ligevægt mellem det, fokuspersonen yder, og det, som fokuspersonen opnår. Sørger vi for en god rejse hen imod målet, så vil der være større balance mellem det, som fokuspersonen yder, og resultatet. Når fokuspersonen har det godt undervejs, vil det øge tilfredsheden samtidig med arbejdsglæden.

Ved høj opgavekompleksitet giver et læringsmål bedre performance end et performancemål. Ved innovation er et kreativt mål bedre end et læringsmål.

Locke og Latham konkluderer, at specifikke og svære mål har en måleffekt på individuelle, gruppe- og organisationsniveau. Rette anvendelse af performance, læring og kreative mål er afgørende. Kilden til målet kan være stillet, sat med indflydelse eller selvsat.

De konkluderer også følgende fejl: Målet matcher ikke evnerne; der gives ikke feedback; der fås ikke mål commitment (accept/indflydelse), hvorfor målet ikke er personens eget mål; der er ikke formidlet opgavekendskab; performancemål sættes frem for læringsmål eller kreative mål; der sættes ikke mål, der er tætte nok på, når miljøet er uvis eller inkluderer tilstrækkelige delmål.

Locke og Latham fremhæver også i deres forskning, at ved et højt specifikt performancemål er det muligt at arbejde hurtigere og mere intenst i en kort periode eller arbejde langsommere og mindre intenst i en lang periode. Netop dette punkt bliver glemt inden for performancekulturen – ingen kan arbejde hurtigt og intenst hele tiden. I bæredygtig coaching har dette et bærende element, og det er ikke bæredygtig coaching, hvis sunde strategier ikke er inkluderet.

Der kan ikke skabes vedvarende bæredygtighed uden et funktionelt balancepunkt.

2.2. Adfærdsdesign

Forskere har undersøgt vores beslutningsprocesser, som er afgørende for de valg, vi træffer, og den adfærd, valget medfører. Beslutningsprocesserne inddeles i to systemer – én til hurtige, automatiske beslutninger og én til mere krævende beslutninger. Der er altså stor forskel på, om vi bruger mange mentale ressourcer eller få mentale ressourcer. Beslutningsprocesserne beskrives som:

- System 1: Automatisk og hurtigt, uden nedsat eller ingen indsats samt uden oplevelse af frivillig styring (få mentale ressourcer).
- System 2: Tildeler opmærksomhed til krævende mentale aktiviteter. Disse er forbundet med refleksion, valg og koncentration (mange mentale ressourcer).

De fleste mennesker ved godt, hvad der er sundt for dem, men gør det ikke. Vi er ikke altid rationelle, når vi handler, ja, faktisk kan vi observere en begrænsning i vores rationalitet. Vores valg beror oftere på automatiske beslutninger med lav mentalt bredbånd fremfor refleksioner med høj mentalt bredbånd.

Derfor forsøger mange store virksomheder at påvirke vores børn så tidligt som muligt, da dette får dem til at vælge deres produkt i fremtiden, fordi de skaber en automatrespons. Er vi vokset op med motion, så er der større sandsynlighed for, at vi dyrker motion som voksne. Igen og igen viser forskningen samme tendens – vi er mere styret af vores automatrespons, end vi er opmærksomme på. Forskerens eksempler på aktiviteter i System 1 og System 2 ses i tabellen.

System 1 Beslutningsprocesser	System 2 Beslutningsprocesser
Svar på spørgsmålet: 2¬2 eller 2+2=?	Sammenligne to telefoner for at vurdere det bedste køb.
Orientere dig hvor ved en pludselig, høj lyd.	Fokusere på en bestemt persons stemme i et støjende lokale.
Udtrykke væmmelse ved et forfærdeligt billede.	Parkere bilen et sted med meget lidt plads.
Udtrykke din stemning i stemmen.	Udfylde selvangivelsen.
Læse ord på store tavler/skilte.	Opretholde en hurtigere gang end den naturlige.
Køre bil på en ikke trafikeret vej.	Koncentration før et startskud ved et væddeløb.

Generelt kan jeg sige, at det kræver mange flere ressourcer og energi at være i System 2, hvorfor vi automatisk begynder at glide over i System 1 efter et stykke tid. Optimal performance, der kræver tænkning i System 2, nødvendiggør derfor, at vi lader op for at bevare vores performance.

I bæredygtig coaching fokuserer jeg på, at hvis vi ønsker at skabe performance, læring eller kreativitet, skal vi tage højde for hjernens overordnede måde at fungere på, så vi kan bevare balancen til at skabe vedvarende resultater.

Det handler både om at få fokuspersoner til at kunne udføre den handling, der er let at gentage for hjernens ressourcer, og sørge for, at der er overskud til at træffe de rigtige konstruktive, kreative beslutninger på det rigtige tidspunkt.

Det er i udformningen af den bæredygtige handleplan, at vi skal anvende System 2. I udførelsen af handleplanen skal vi kunne anvende System 1 mere. På den måde gør vi den bæredygtige handleplan lettere og sparer på de mentale ressourcer undervejs.

2.3. Forskningsbaseret model med bæredygtighed

De nævnte essentielle parameter kan ses i en videreudviklet model, hvor jeg har tilføjet sunde strategier:

Sunde strategier

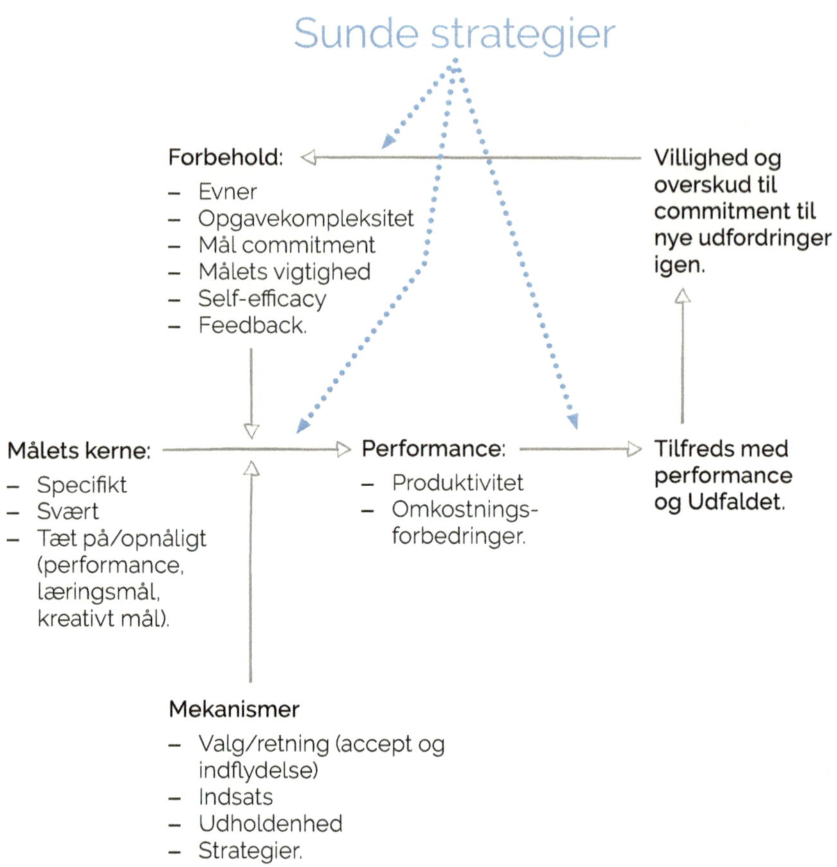

Modellen er udviklet af Locke og Latham med min tilføjelse: strategier og opdeling af målsætninger.

Fra forskningen kommer kravene til målet, altså hvordan gode mål opstilles. Herefter er der forbehold, som der er opstillet til at kunne opnå målet. I forlængelse heraf er der forskellige mekanismer, som også påvirker performancen, og det egentlige resultat – produktivitet. Undervejs har sunde strategier en afgørende betydning for fokuspersonens menneskelige ressourcer til at opstille nye mål og skabe nye resultater.

Jeg har ud fra et forskningsgrundlag udviklet min bæredygtig coaching model til bæredygtig coaching i praksis.

Kapitlet i et overblik

- En adskillelse af målsætning: Stillet, sat med indflydelse og selvsatte.

- Der er forskellige målsætninger: Performance, læring og kreative mål.

- Bevidstgørelse af performance på kort og langt sigt – hvad der er muligt at få fokuspersoner til at yde; indarbejde sunde strategier som en nødvendighed.

- Hvorfor målet er sat, og hvordan man nåede frem til målet (meningen) er vigtigt.

- Det er nødvendigt med løbende feedback: Opgaveløsningen og strategierne til at opnå målet, samt fremskridtene.

- Accept af målet er centralt.

- Indflydelse på adfærden og løsningen af opgaverne, påvirker accept og commitment.

- Vi skal indbygge og tage højde for tænkning i System 1 og System 2.

- Nyttiggøre automatresponsen i en bæredygtig handleplan.

> – Bæredygtig handleplan igennem tjek (udfor-
> ske og kalibrere handlingerne).
>
> – Opmærksomhed på ubevidste mål og ad-
> færd.

Den seneste forskning har været en inspirationskilde for mig, og du vil kunne genkende det i min model SUSTAIN-ABLE, hvor jeg har koblet den seneste forskning med min viden fra andre retninger i psykologien.

03

POSITIV PSYKOLOGI

"Vi ser ikke verden, som den er. Vi ser verden, som vi er."

– Anais Nin

Positiv psykologi er et fokus på det, der får fokuspersoner til at vokse og udvikle sig. Min beskrivelse af positiv psykologi er ikke fyldestgørende, den omhandler kun de centrale begreber i tilgangen, som jeg anvender i bæredygtig coaching.

Da vi ikke ser verden eller muligheder, som de er, men som vi er, så anvender jeg denne vinkel til at skabe et større udsyn. En af fortalerne og forskerne i positiv psykologi, Fredrickson, siger, at vi udvider vores tanke-handle-repertoire via positive emotioner, og vi kan lære og udvikle os på dette grundlag. Ifølge hende fungerer vi grundlæggende bedre, hvis vi oplever tilstrækkelig positivitet som glæde, taknemmelighed, afklarethed, interesse, håb, stolthed, morskab, inspiration, ærefrygt og kærlighed, uanset hvad de er udsprunget af. "Tilstrækkelig" betyder, at vi har tre gange så mange positive følelser, som vi har negative følelser. Denne ration er afgørende for, om vi oplever vækst eller afvikling. Positiv feedback kan øge denne ration og skabe opadgående spiraler (læs mere under "Feedback").

Fredrickson har udført en del forskning i positiv psykologi. Hun har blandt andet fundet ud af, at når fokuspersoner smiler, bliver de mere modtagelige og bedre til at se det store billede. Ved at følge, hvor fokuspersoner retter deres øjne hen, fastslog forskere, at fokuspersonerne så mere omkring dem, og de fæstner deres blik på det perifere i fotografier. Helt bogstavlig talt ændrer positivitet altså vores udsyn. Den udvider dit syn på verden, og du tager mere til dig.

Forskere fandt også ud af, at når fokuspersoner følte sig mere positive, ændrede deres performance (visuel og kreativ) sig i takt, når de udførte de to opgaver samtidigt. Både deres visuelle opmærksomhed var bredere, og de blev mere kreative i den verbale opgave. Forskere konkluderer også fra en anden undersøgelse, at positivitet er en god investering, fordi vi klarer os bedre på den opgave, vi skal løse, når vi har fundet en positiv følelse frem inden. Resultaterne viser, at ved at fremkalde et positivt minde eller modtage en venlighed, kan der ske ændring i den lethed, hvormed fokuspersoner finder frem til kreative og optimale løsninger på de problemer, de møder i deres hverdag.

På samme måde har forskere også undersøgt, hvordan positivitet påvirker direktører. De fandt ud af, at direktører, der var mere positive, var mere nøjagtige og omhyggelige, når de træf deres beslutninger, og de var mere effektive i deres relationer til andre. Andre undersøgelser viste også, at direktører, der er mere positive, også tilfører deres arbejdsgrupper større positivitet, hvilket medfører bedre koordination mellem gruppens medlemmer og gør det lettere for dem at samarbejde. Der skal understreges her, at det ikke blot handler om at være rar eller høflig. Det handler om, at positivitet udvider dit udsyn og bringer flere muligheder inden for synsvidde, samtidig med at mennesker omkring dig bliver smittet af din positive stemning og har lettere til at skabe relationer og samarbejde.

Forskningen viser, at en positiv indstilling også medfører, at fokuspersoner håndterer modgang på en mere åben måde, de ser flere løsninger og udvider over tid deres udsyn, som gør, at de fortsætter med at finde løsninger.

Forskere fandt desuden også ud af, at der er forbindelse mellem positivitet og sundhed. Efterhånden som fokuspersoner blev mere positive, så blev de sundere og mindre syge. Fokuspersoner, der er mere positive, har et lavere niveau af stresshormoner, har et højere niveau af væksthormoner, har flere signalstoffer, der forbedrer immunforsvaret, har lavere blodtryk, har færre smerter, har færre forkølelser og bedre søvn.

3.1. Positivitet er et middel, ikke et mål

Det handler ikke om at lukke øjnene og lade, som alt er godt. Det handler heller ikke om at være strategisk naive eller undervurdere, hvor lang tid et projekt tager. Det handler ikke om blind positivisme. Det handler om at anvende det, som positiv psykologi kan tilbyde. Det handler ikke bare om at være positiv, det handler om at se løsninger og muligheder på de udfordringer/problemer, vi møder, og undersøge så mange som muligt, inden vi træffer en beslutning. Så beslutningen er gennemtænkt i et bredt perspektiv til vores kontekst. Positiv psykologi bliver et middel til at skabe fremdrift i et bredt perspektiv, hvor vi hjælper med at åbne fokuspersoners perspektiver på konteksten, hvor vi kan flytte viden fra én kontekst til en anden. Vi psykologer kalder dette flydende intelligens, som dækker over, at vi kan anvende og omsætte viden fra én kontekst til en anden kontekst.

Positive følelser som håb om et ønsket resultat sætter gang i driften for performance; interesse sætter gang i driften til at lære og udforske; glæde sætter gang i driften til at lege og være kreativ. Alle positive følelser, som er med til at skabe det, vi ønsker ud fra den forskellige former for målsætninger.

3.2. Flow

Når vi er i flow, så er det en mental tilstand. Når vi læser en god bog, tager en arbejdsopgave, der er spændende, går en tur ved stranden, kan vi opleve en tilstand af flow. Vi er i det, vi gør, glemmer tid og sted og vores bekymringer. Vi er engageret og opslugt af aktiviteten i kortere eller længere tid. Den førende flowforsker Straume opgør flow i ni dimensioner:

1. Balance mellem udfordring og evner. Flow opstår, når fokuspersonens færdigheder svarer til de mål, der er sat.
2. Handlingsrettet opmærksomhed. Flow er et engagement.

3. Opmærksomheden er ikke på dig selv, men på opgaven.
4. Klart defineret mål for aktiviteten.
5. Støtte og feedback fra omgivelserne samt en selv, så troen er til at fortsætte med opgaven.
6. En følelse af kontrol samtidigt med en tro på, at vi gør det rigtige.
7. Fordybet koncentration om opgaven.
8. Ændring af tidsoplevelsen.
9. Når vi er i flow, så er aktiviteten målet i sig selv. Vi inddrager erfaringer for erfaringens skyld.

Løbende feedback er afgørende for det endelige resultat. Som jeg også vil komme ind på senere, er feedback dronningen. (Læs mere om, hvordan du kan anvende feedback i praksis.)

Denne flowforsker fandt ud af, at der er beviser for, at jo klarere mål der er for arbejdsopgaverne, jo bedre flow, som forstærker, at aktiviteten er et mål i sig selv. Der er også en sammenhæng mellem flow, resultaterne og den tilfredshed, vi føler i arbejdet. Alle ovenstående punkter er indarbejdet i bæredygtig coaching, hvorfor arbejdsglæde bliver et biprodukt af bæredygtig coaching.

Sammenligner vi denne forskning, forskerne har fundet omkring målsætning, commitment, selfefficacy og så videre, så underbygger flowforskningen alle trinene i SUSTAIN-ABLE. Jeg vender mere specifikt tilbage til det.

3.3. Nyd rejsen

Udover det enkelte behagelige øjeblik har din positive indstilling konsekvenser for den bane, som dit liv tager. Positivitet har betydning for din måde at løse problemer og finde løsninger; din sundhed; hvordan andre oplever og er omkring dig. En positiv indstilling former det, du leder efter, og påvirker dine positive følelser, som udvider dine tanker om mulige handlinger, idet de åbner din bevidsthed og skyder gode kemiske signalstoffer rundt i din krop og hjerne. Forskningen viser, at hvis fokuspersoner, der har en positiv indstilling koblet med positive følelser omkring det, de skal udføre, er de mere positive og vedholden i deres aktivitetsniveau over ét år efter igangsættelsen. Derfor skal vi få tydeliggjort den positive indstilling og få fremhævet de positive følelser, som der er koblet op på den bæredygtige handleplan. "Nyd rejsen" er det sidste trin i første fase af SUSTAIN-ABLE-modellen, fordi fokuspersonen bevidstgøres i at etablere en bane, der fortsætter med at skabe udvikling og commitment.

3.4. Positiv framing

Måden, hvorpå vi rammesætter målet, altså framing, har en afgørende betydning for fokuspersonen.

Forskere har sammenlignet negative og positive aspekter af målsætningen i komplekse opgaver, og fundet ud, at fokuspersoner med en positiv målsætning havde en højere performance end dem, der havde en negativ målsætning.

Andre forskere bakker denne undersøgelse op – de fandt ud

af, at fokuspersoner med en negativ formuleret målsætning havde en dårligere performance end dem, der havde en positiv formuleret målsætning.

Nogle forskere har udvidet dette fokus og undersøgt en positiv målsætning på fejl, som eksempelvis: Jo flere fejl du laver, jo mere lærer du. Denne undersøgelse viste, at ved:

1. at tillade fokuspersoner at lave fejl,
2. at fremhæve samt opmuntre dem til at lære fra deres fejl gav dem en efterfølgende forbedring i deres performance. Dette læringsperspektiv vil jeg vende tilbage til i anden fase af SUSTAIN-ABLE modellen.

Kapitlet i et overblik

- Et positivt blik påvirker det, du ser.

- Et positivt syn udforsker flere og andre muligheder.

- En positiv indstilling har en betydning for performance.

- Positiv feedback skaber opadgående spiraler.

- Nyd rejsen – indstillingen over dem alle, og en del af modellen.

- Balance mellem udfordring og evner, er vigtig.

- Støtte og positiv feedback fra omgivelserne samt en selv hjælper med at fortsætte med opgaven.

- Positiv framing anvendes til at opnå mål og bedre performance.

Positiv psykologi er et grundlæggende element både som trin syv i modellen SUSTAIN-ABLE og til måden at rammesætte en positiv målsætning.

04

SYSTEMISK TILGANG

Systemisk tilgang handler om at kigge på hele systemet og tænke i helheder. Alt, der er en del af systemet og påvirker systemet både inde- og udefra. Et system kan både være en enkelt fokusperson, gruppe/team, organisation og så videre. Min beskrivelse af den systemiske tilgang er ikke fyldestgørende, min beskrivelse omhandler de centrale begreber i tilgangen, som jeg anvender i bæredygtig coaching.

Systemisk tilgang ser levende systemer som noget, der er lukket omkring sig selv. En organisation er lukket om sig selv i forhold til, hvem der er en del af organisationen. Dog kan noget uden for systemet godt påvirke systemet apropos helheder. Et menneske er også lukket omkring vores egne nervebaner, og når vi bliver stresset, så er nervesystemet overbelastet.

Denne tilgang bevirker, at vi skal overveje og udforske det, der påvirker systemet. Alt bliver sat i relation til noget, spørgsmålet er bare, om det påvirker den performance, vi ønsker at skabe.

Skal du skabe højere performance på dit arbejde, og har du små børn, der holder dig oppe hele natten, så vil du ikke kunne fungere optimalt. Dette har en betydning for din performance på sigt, fordi der ikke er balance.

Et system kan ændre sig ved at koble sig på andres systemer og herved skabe nye systemer. Det kalder den systemiske tilgang passende forstyrrelser. Kobler du dig derhjemme på din bedre halvdel, som tager børnene om natten, har du mulighed for at sove, vil du frigive hormoner, der nedsætter stress, hvilket vil øge muligheden for at skabe god performance igen. En anden passende forstyrrelse kunne også være, at din leder gav dig lov til at møde et par timer senere på arbejde, så du fik nok søvn. En passende forstyrrelse er således, at systemet kan koble sig på nye tiltag uden selv at blive ødelagt.

4.1. Forstærkning og afvejning samt forsinkelse

Oprindeligt kalder den amerikanske forsker og professor Senge det feedback, men det vil skabe for meget forvirring i denne sammenhæng, hvorfor jeg har valgt at kalde det tilbagemelding, fordi budskabet er vigtigere, end hvad det oprindeligt blev kaldt.

Der er to typer af tilbagemeldingsprocesser i systemer – forstærkning og afvejning.

Forstærkning er vækstmotoren. Hver gang vi løber ind i en proces, hvor noget vokser, er det en forstærkning.

Afvejning er derimod på spil, hver gang der er tale om en måldefineret adfærd. Er målet ikke at flytte sig, så vil afvejning være som en bremse. Er målet at flytte sig hen til x, så vil afvejning sørge for, at vi flytter os hen til målet og ikke mere. Målet kan være bevidst som en organisation, der vil skabe innovation, eller ubevidst som en vane, vi bliver hængende i, selvom vi ikke ønsker det. Afvejning er på den måde et stabiliseringssystem på vækstmotoren, som prøver at opretholde et mål eller formål.

Man kan nemt se det på mennesker: Har du det for varmt, så sveder du og bliver tørstig. Arbejder du mere, end du kan holde til i for lang tid, så bliver du stresset. Det er kroppens måde at sige stop på. Stresssymptomerne forsvinder først, når du får tilpas nok hvile.

Afvejning er også et grundelement i bæredygtig coaching, fordi hvis vi overbelaster et system (en fokusperson, team/ grupper, afdeling, organisation), ender vi uden en vedvarende ressource, og bæredygtigheden forsvinder.

Forsinkelser er indbygget i alle tilbagemeldingsprocesser. Fokuserer vi på, at forsinkelser er en del af processen og hvad vi gør, når det opstår, kan vi god komme i mål i stedet for at opgive og sætte et nyt mål. Forsinkelser ses, når eksempelvis fokuspersoner bliver stresset, selvom de i den seneste tid ikke føler, at de har lavet så meget. Forsinkelser ses i teams, hvor der er fokus på en specifik høj performance, men hvor performance opstår ikke fra den ene dag til den anden. Forsinkelser er en naturlig del af performance og noget, der skal tages højde for.

Sandheden er i det systemiske perspektiv ikke endegyldig – der er mange sandheder, og sandheden kan ses fra flere forskellige perspektiver, og vores handlinger vælges ud fra den kontekst, vi indgår i.

En klar kontekst skaber retning (hvor er vi på vej hen?), ramme (hvad er vi sammen om?), opgaven (hvad skal vi løse?), relation (hvordan er vi sammen om opgaven?), roller (hvem gør hvad?), regler (hvad må vi?), samt hvilke forventninger vi har til hinanden.

Uanset hvor vi er, så er vi i en kontekst – i organisationen, hjemme, i vores fritidsaktiviteter, osv. Alle vores relationer udspiller sig i en kontekst. Når konteksten skifter, så skifter relationerne. Vi tolker alle vores oplevelser og skaber vores forståelse i konteksten.

4.2. Konteksten er kongen

Det overordnede perspektiv i systemisk tilgang er konteksten, derfor er konteksten kongen. Et system er så at sige altid i en eller anden kontekst, som påvirker systemet bevidst eller ubevidst.

Vi tolker vores verden ud fra konteksten. Har organisationen eksempelvis et højt sygefravær på grund af sygemeldinger, forsøger lederen at få alle til at arbejde mindre ved at sende e-mail om, at vi skal slappe af og ikke tænke på arbejde. Vi bliver endda sendt tidligere hjem for at slappe af. Det burde virke, ikke?

NEJ. Din leder sender e-mails til dig på alle tider af døgnet, hvilket skaber en skjult kontekst af, "hvad du gør her", og måske skaber dårlig samvittighed over, at du ikke arbejder, selvom lederen siger noget andet. Lederen forsøger at skabe en bevidst balance, men ender med at skabe en usund. Vi kan ikke se bort fra konteksten, og her konteksten i konteksten, som er ubevidst. Konteksten bliver – bevidst eller ubevidst – din forståelsesramme, som påvirker trivslen.

Relationerne mellem delene er grundstenene i måden, systemet hænger sammen på. Uanset hvilket system vi betragter. Relationer er som snore. Selvom de er usynlige, så påvirker de hinanden. Relationer ændres, når vi laver ændringer i systemet. Sandheden og dine betragtninger på relationen kan ligeledes blive påvirket. Vi kan trække i relationerne (snore) eller lade være. Uanset hvad, så påvirker relationerne, hvordan vi betragter sandheden.

I systemisk tilgang er der også noget, vi kalder kontekstmarkør:

- **Tid.** Vi forstår os selv og andre inden for en given tidsramme. Det kan være fortid, nutid og fremtid.
- **Sted/rum.** Vi tillægger betydning til det, der sker, og det, vi gør, ud fra der, hvor vi er.

- **Relation.** Vi forstår det, der bliver sagt, ud fra den relation, vi har til personen, og hvad vi efterfølgende vælger at gøre.
- **Sprog.** Vi tolker ud fra afsenderens formulering, tonen og kropssprog.

Lad mig komme med et eksempel. Jeg ved godt, at det er lidt karikeret, men prøv at følge mig.

Forstil dig, at du er til julefrokost. Hvad gør du?

Forstil dig nu, at direktøren holder øje med dig, fordi du snart skal forfremmes. Hvad gør du?

Forstil dig nu, at du har din bedre halvdel med, og dine kollegaer og din direktør elsker din bedre halvdel. Hvad gør du?

Forstil dig, at din bedre halvdel har været væk et stykke tid, du kan ikke finde din bedre halvdel. Hvad gør du?

Forstil dig nu, at din bedre halvdel har været utilfreds med jeres forhold et stykke tid, fordi du bruger for meget tid på arbejde? Hvad gør du?

Forstil dig nu, at du har været i tvivl, om din bedre halvdel vil forlade dig. Hvad gør du?

Forstil dig nu, at din bedre halvdel har sagt, at direktøren er flot. Hvad gør du?

Forstil dig nu, at du finder din bedre halvdel meget tæt på direktøren i kopirummet – måske kysser de. Hvad gør du?

Forstil dig nu, at de slet ikke kyssede, med at direktøren havde tabt en kontaktlinse, og din bedre halvdel, som er optiker, ville hjælpe, fordi du havde nævnt, at du muligvis snart blev forfremmet, og lyset i kopirummet var bedst til at undersøge øjet.

Kan du se, hvordan konteksten bliver afgørende for tid, sted/rum, sprog, relationer, oplevelser, vores forståelse og vores adfærd? Lagde du mærke til, hvordan sandheden ændrede sig ud fra perspektivet og informationerne? Hvordan relationerne ændrede sandheden og tankerne?

Konteksten bliver et af de stærkeste redskaber til at skabe handlinger ud fra. Nogle gange skal konteksten ændres, andre gange skal vi fokusere på tankerne omkring konteksten eller adfærden, som igen vil kunne ændre konteksten. Det betyder også, at bare fordi noget virker ét sted, så behøver det ikke virke et andet sted.

Mål skal sættes ud fra den totale kontekst (økonomi, industri, konkurrenter, tilgængelige ressourcer, osv.). At sætte de rigtig mål kræver omtanke.

Konteksten kan også betragtes fra et overordnet perspektiv, som vi kalder metaposition. "Meta" kommer fra græsk og betyder det, der ligger udover eller bagved. Når vi anvender en metaposition, bliver vi en form for observator, hvor vi ser for eksempelvis tingene oppefra, udefra eller bagved.

Så hvad skal vi kigge efter?

Uanset hvilken kontekst bæredygtig coaching skal anvendes i, så er det væsentligt at tilpasse den til konteksten, så den i denne kontekst bliver holdbar og bæredygtig.

Afgør altid, hvilken kontekst målet skal udføres i, spørgsmålet skal stilles i, og feedbacken gives i – samt til hvilken målsætning. Det er konteksten, der kan afgøre, om det giver mening for fokuspersonen.

Rangeringen af de forskellige niveauer, som påvirker fokuspersoners performance:

1. Bredere kontekst – system, organisation, team, afdeling, osv.
2. I relation til hvad? (Målet; handlingerne.)
3. Fokuspersonens refleksion.
4. Relationen og positiv feedback til at skabe opadgående spiraler.
5. Metapositionen.

De første tre punkter kan du observere undervejs eller spørge ind til.

Det fjerde punkt er feedbacken, der gives for at understøtte målet og processen. Det femte punkt er en metaposition, hvor vi mentalt kan betragte de andre punkter.

Modellen demonstrerer de overordnede faktorer, der får betydning for coachingprocessen og resultatet.

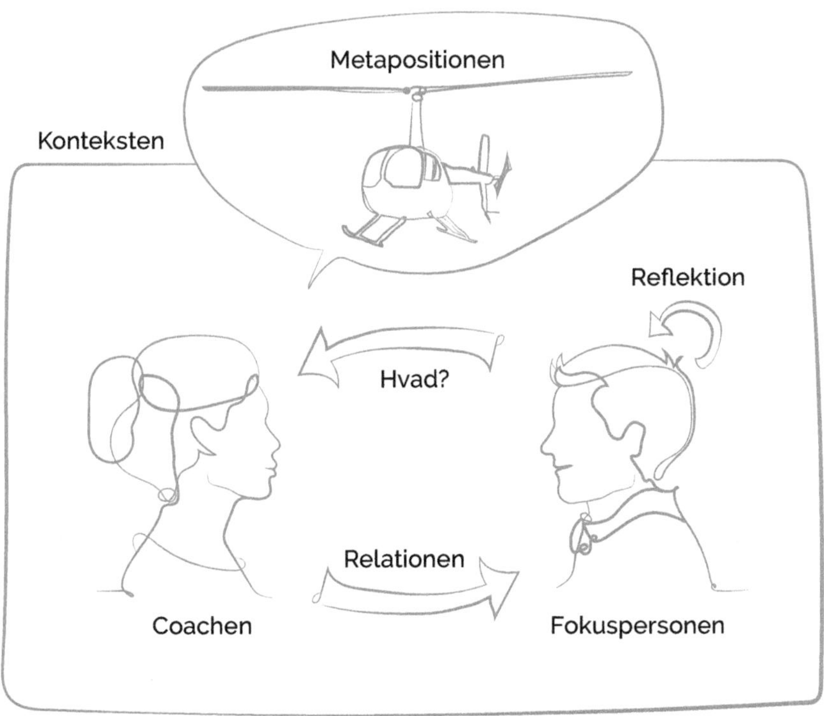

Kapitlet i et overblik

- Det afhænger af konteksten og de del-elementer, der eksisterer i denne.

- Det, der virker ét sted, behøver nødvendigvis ikke virke et andet sted.

- Fokuspersonen er sit eget system, som indgår i andre systemer, og dette er konteksten, som kan ændre sig.

- Forstærkning og afvejning samt forsinkelse eksisterer i alle systemer på forskellige måder.

- Husk en betragtning ud fra metapositionen til overvejelse af mål, adfærd, samspillet, osv.

Den systemiske tilgang viser, at konteksten er kongen, og metapositionen har en central betydning.

05

MINDFULNESS

Når du lærer at betragte betragtelsen, så har du mental frihed.

– A. Thomsen

Mindfulness betyder tilstedeværelse. Det handler om en særlig måde at være bevidst på eller at betragte verden på. Definitionen er den vågenhed, der fremkommer ved at være opmærksom og til stede i nuet på en bestemt måde – intentionelt, vedvarende og ikke-dømmende. Min beskrivelse for mindfulness er ikke fyldestgørende, min beskrivelse omhandler de centrale begreber i tilgangen, som jeg anvender i bæredygtig coaching. Denne tilgang har en afgørende rolle i, hvordan jeg forklarer balancen mellem det, jeg kalder omdrejningspunktet i bæredygtig coaching, nemlig imellem performance og sunde strategier.

Tilgangen kan måske virke en anelse langhåret, men jeg har en pointe med kapitlet, så prøv at se, om du kan følge mig. Tidligere syntes jeg selv, at mindfulness var noget fis. Ja, fis. Indtil jeg rodede mig ud i, at jeg skulle være mindfulness-instruktør. Jeg tænkte, at det var for nogen, men ikke for alle. Jeg lavede mine hjemmeopgaver og syntes stadigvæk, at det var noget fis. Indtil en dag, hvor jeg kunne være bevidst nærværende i en metaposition på mine egne tanker og kropslige fornemmelser. Når jeg gled over i analyse eller planlægning, så kunne jeg med venlighed vende tilbage igen.

Jeg har fundet ud af, at mindfulness er en teknik, der tager tid at lære. Alle, der enten har tålmodighed eller stædighed, eller bare er bevidste om at ville lære det, kan lære det, men det tager tid. Træningen skal gentages igen og igen. Men så er det også en teknik, der bliver ved med at give, og ikke ligesom en bil, der bliver dårligere med årene, men bedre.

I bæredygtig coaching er bevidsthed og balancen mellem gøren (handling imod et specifikt højt mål) og væren (afslapning, pauser, gåture, osv.) altafgørende. Jeg har siddet med tusindvis af fokuspersoner, som havde brug for at lære denne afvejning til at kunne bevare balancen i deres liv, så de kunne skabe vedvarende og bæredygtige resultater.

Forskningen viser, at træning i mindfulness fremmer evnen til at skabe tilstedeværelse og fører til betydeligt færre negative symptomer samt giver forøget velvære. Hjerneforskningen har også påvist, at fokuspersoner med længerevarende meditationstræning har varige strukturelle forandringer i hjernen. En gennemgang af forskningen inden for området viser, at mindfulness har en effekt på stress, depression, smerter, osv. I tillæg hertil er der også fundet forskning, der viser, at fokuspersoner har fået sundhedsrelateret forbedringer såsom trivsel og velvære.

Der er flere forskellige strømninger inden for mindfulness. Selv er jeg trænet i mindfulness-baseret kognitiv terapi, som jeg her tager udgangspunkt i. Træning i denne tilgang styrker vores kompetence til at indtage en metaposition. Denne metaposition er et grundlæggende værktøj, fordi den hjælper os med at lave en endnu bedre kalibrering. Det vender jeg tilbage til.

I denne tilgang er det ikke kun indholdet i vores tanker, følelser og handlinger, der er afgørende for vores trivsel. Det er måden, hvorpå vi relaterer os til tankeprocesserne. Den måde, vi relaterer os til vores tanker, er styret af vaner på godt og ondt. Måden kan så at sige være ubevidst og automatisk.

Måden, vi tænker, er automatisk, og herefter udfører vi vores adfærd. Adfærdsforskningen opdelte det i System 1 - tænkning. Meget af det, vi gør hele tiden, gøres, uden vi er opmærksomme på det.

Vores måder at tænke på kan føre os ind i en blindgyde, fordi vi har reaktionsmønstre, som aktiveres uden bevidst kontrol. En anden blindgyde er, at vi opfatter vores egne tanker som fakta, selvom det ikke nødvendigvis er sandheden.

I mindfulness træner vi systematisk fokuspersonen til at være bevidst nærværende og på den måde optræne en metaposition på vores egne tankeprocesser (evnen til at kunne observere egne tankeprocesser, imens de foregår). Samtidigt opnås der også en større fleksibilitet i tankegangen. På den måde kan vi påvirke resultatet af vores adfærd.

Et øget nærvær og evnen til at gå i en metaposition over for sig selv gør det muligt at opfange mere, så vi løbende kan justere vores tanker og adfærd. Fordelen er også, at vi kan opfange tidlige tegn på stress, så det aldrig udvikler sig til en decideret stresstilstand. Det hjælper også os til at se på vores adfærdsmønstre og beskytter os imod, at usunde vaner ikke tager overhånd.

Mindfulness kan hjælpe os på mange fronter, når vi træner den bevidsthed, vi har automatisk, hvilket åbner for andre muligheder. Derfor er det også en grundlæggende del at spørge ind til fokuspersonens tanker her og nu samt skabe refleksion i en metaposition. Som jeg nævnte i den systemiske tilgang, så eksisterer der mange sandheder. Metapositionen er en metode til at opdage de forskellige sandheder uden at nedbryde og kritisere andres sandheder.

Jeg vil efterfølgende uddybe nogle basale elementer i mindfulness, som kan hjælpe træningen på vej.

5.1. Væren og gøren

Inden for denne tilgang kalder vi det også værensmodus og handlemodus. Nogle gange kalder (arbejds)livet på, at vi skal være til uden at opnå noget (afslappethed, pause, fred, osv.). Handlemodus er rettet imod at opnå bestemte slutresultater på, for eksempel, performance. Værensmodus er efterhånden hos mange en svær tilstand at udøve og praktisere i hverdagens mange gøremål. Jeg vil med bæredygtig coaching gerne slå et slag for, at væren er en lige så vigtig del af (arbejds)livet som gøren, fordi en optimal balance er med til at øge vores performance.

5.2. Venlighed

En af grundstenene i denne tilgang er venlighed. Det er både en venlighed over for fokuspersonen, venlighed i fokuspersonens egen mentale tilgang til sig selv og coachens egen mentale tilgang til sig selv. Det at indtage en venlighed over for sig selv kan være en udfordrende teknik i praksis, men når det først udspiller sig imellem fokuspersonen og coachen, kan det skabe en positiv læringsproces.

5.3. Accept

Mindfulness kan udvikles igennem regelmæssig træning, der på sigt giver fokuspersonen positive kvaliteter såsom øget opmærksomhed, indsigt og større accept.

Den motivation, der driver vaner, er en form for undgåelse eller ønske mod at undgå noget eller opnå noget. Denne form for motivation er oftest ubevidst. Derfor vil en bevidst accept af "det er, hvad der er" medføre en balance og stabilitet (selv når bølgerne går højt) og betyde, at fokuspersonen kan se i helheder frem for fragmenter af noget, hun eller hende ikke er helt bevidst om. Forskning viser, at mindfulness kun har en gavnlig effekt på følelser, hvis accept indgår i mindfulness øvelserne.

Hvorfor man for eksempelvis har det svært ved at slappe af

eller forholde sig til, hvorfor man altid arbejder. Det kan være undgåelse på at mærke, at man er stresset, eller ønsket om at få anerkendelse af ens chef, som man har været ubevidst om, fordi man er i handlemodus frem for værensmodus, hvor accept af den nuværende midlertidige tilstand kan opstå og justere adfærden på baggrund af accept. Accept er ikke en hellig tilstand, det er en handling, hvor vi beslutter os for, hvordan vi forholder os til tanker, andre og verden på en anden måde. På den måde får vi frihed, som giver en følelse af lethed og befrielse, men samtidig også et større mentalt perspektiv.

Når fokuspersoner automatisk analyserer, reflekterer eller spekulerer ud fra deres sædvanlige mentale tilstand, kan det medføre mere fastlåshed, fordi de gentager det, de plejer. Kan fokuspersoner eksempelvis lære at acceptere den nuværende tilstand i øjeblikket og med venlighed lade tanker være tanker (ikke sandheder), der kommer og går, så vil der være større frihed til at se sig selv, andre, verden og se muligheder i sig selv, andre, verden, osv. Det skaber en frihed i metapositionen, og med positiv psykologi udfolder vi endnu flere muligheder, hvilket er det, vi ønsker at opnå i denne sammenhæng.

Når vi træner mindfulness, vil vi bedre kunne vælge imellem vores handlinger frem for automatiske reaktioner. Alt det, vi gennemgår på godt og ondt, er oplevelser – mindfulness er den tilstand, vi indtager, når vi forholder os neutralt og observerende til både det positive og negative. En positiv oplevelse er ikke mere rigtig end den negative.

Forskning har vist, at mindfulness er hensigtsmæssigt i forbindelse med akut regulering af vanskelige emotionelle tilstande.

Så hvordan lærer vi disse mentale redskaber, som mindfulness har at tilbyde? Det kan vi kun igennem erfaring og træning.

5.4. Erfaringsbaseret læring

Tilgangens afgørende færdigheder/viden kan kun opnås gennem direkte erfaring – altså grundlæggende træning. Intellektuel viden kan være en hjælp (den kan også udgøre en forhindring ved at opstille krav, mål, der skal nås), men i sig selv er den helt utilstrækkelig. Når fokuspersonen tilegner sig de nødvendige færdigheder, kræver det gentagende erfaringer (måske flere tusind).

Fokuspersoner kan kun opnå tilstrækkelig erfaring, hvis de:

1. Accepterer at tage ansvar for de 99,9 procent af læringen, der foregår uden for sessionerne.
2. Betragter al erfaring for nyttigt materiale, idet fokuspersonen bruger sin opmærksomhed til at opbygge færdigheder.

Dette læringsprincip er også det, målsætningsforskere kalder en læringsorienterende tilgang. Jo mere træning, jo mere læring – men tilgangen til læring har også stor betydning.

5.5. Bevidst nærvær

De fleste mennesker tror, at de er bevidste hele tiden, men som jeg har nævnt – og vil komme ind på senere – er der masser af ting, vi laver på rutinen eller automatisk. Det er der fordele og ulemper i.

Udover at opdage tegn på undgåelse, stress, træthed og modstand kan vi ved at rette opmærksomheden på det kropslige af et problem også fjerne bearbejdnings ressourcer fra de automatiske, uhensigtsmæssige analytiske rutiner, samtidigt med at vi lader problemet blive "i proces". Herved anvender vi bevidst opmærksomhed til at skabe en udforskende vinkel, der er fri for gamle tankemønstre, til at skabe nye løsninger og nå målet. Denne tilgang er især central, når fokuspersonen skal skabe læring eller være kreativ.

I mindfulness tilgang anvender vi vejrtrækning til at give slip på for eksempel handlemodus og være i værensmodus og forblive der for en stund. Selvom tankerne glider, så vender vi bare tilbage til åndedrættet og fokuserer på kroppen.

Øvelserne i mindfulness skal udføres minimum dagligt i mindst otte uger.

Kapitlet i et overblik

- Anvendelse af metaposition med venlighed.

- Væren og gøren som et balancepunkt.

- Der er sunde strategier i væren.

- Træning af bevidst nærvær til at skabe metapositionen og være opmærksom på sin automatrespons og automatiske tanker.

- Træning i bevidst nærvær gør det muligt at skabe en ændring i egne tanker og handlinger.

- Venlighed over for det hele menneske i performance.

Mindfulness er et grundlæggende element både som en måde at lære at leve i balance, men også i træning af metapositionen.

LØSNINGSFOKUSERET TILGANG

"Ved at fokusere på svagheder stopper vi udviklingen. Ved at udforske muligheder og løsninger, får vi fokuspersonen til at vokse."

– A. Thomsen

Jeg har arbejdet med løsningsfokuseret tilgang siden 2005, hvor jeg første gang blev introduceret for tilgangen i et stort konsulenthus. Jeg har siden anvendt tilgangen i adskillige coachinger, teamcoaching, ved proceskonsultation, ved store forandringer samt organisationsændringer. Min beskrivelse af den løsningsfokuserede tilgang er ikke fyldestgørende, min beskrivelse omhandler de centrale begreber i tilgangen, som jeg anvender i bæredygtig coaching.

Løsningsfokuseret tilgang, også kaldet LØFT, er en måde at tænke på og arbejde med forandringer samt problemløsning på, der giver den ønskede udvikling.

Tilgangen bygger på en række grundlæggende trossætninger, der er fundamentet i, hvordan vi bedst fremmer forandringer og problemløsning.

Jeg vil derfor gennemgå de grundlæggende trossætninger, som har inspireret mig.

Trossætninger:

1. Det, vi tror, har indflydelse på, hvad vi leder efter og taler om.
   Det betyder, at hvis du tænker negativt, vil du have en tendens til at bemærke det negative ved omstændighederne og have et utilstrækkeligheds-sprog. Tænker du derimod positivt, vil du have en tendens til at se det positive i omstændighederne og vil have et bemestrings-sprog. Begge oplevelser (det, du tror) har indflydelse på, hvad du leder efter og taler om, som bliver en selvopfyldende profeti.

2. Der findes både problemer og ikkeproblemer.
   Du kan vælge, hvad du vil gå efter, eller hvad du vil lade ligge. Inden for denne tilgang er alle sociale kontekster både-og. Altså både det, der fungerer, og det, der ikke gør. Et både-og-perspektiv giver os et valg. Vi kan vælge at se det gode, sunde, det, der fungerer, og holde problemerne i baggrunden. Vi kan også gøre det modsatte og overse alle de ting, der er positive og virker. I denne tilgang fokuserer vi på det, der virker, som vi kan bygge ovenpå. Vi taler om løsningsfremmende handlinger, så vi lettere opnår det, vi ønsker.

Denne tilgang undersøger og udfolder "bagsiden" af problemerne for at finde løsninger, den negligerer ikke problemerne. Måden, problemerne anskues på, er blot anderledes. At fokusere på løsningen er den bedste måde at forholde sig til problemerne på.

3. Du behøver ikke forstå problemet for at løse det – find hellere en nøgle til løsningen.
   En gennemført indsats er ikke ensbetydende med en vellykket behandling. Inden for denne tilgang behøver vi kun at vide noget om løsningsmønsteret, hvad der kendetegner situationen efter problemet, hvilke forandringer fokuspersonerne ønsker, og hvilke forandringer der allerede er igangsat. I dette ligger der, at fokuspersonen indimellem gør noget af det, de ønsker, og denne adfærd er mere løsningsfremmende end den måde, de optræder på i problemsituationer, og dialoger om løsningsfremmende adfærd er mere hensigtsmæssige end dialoger om problemadfærd.

4. Adfærd, der får opmærksomhed, bliver gentaget.
   Det, du lægger mærke til, får du mere af. Adfærdsmønstre, der tillægges opmærksomhed, har en tendens til at gentage sig. Kortlægning af et problem som optakt til et løsningsforsøg kan derfor forstærke problemet frem for løs-

ningen. Handlingsmønstre eller vaner kan forstærkes ved hjælp af øget opmærksomhed. Vær derfor forsigtig med at bede fokuspersoner om at lade være med noget. Fokusér i stedet på det, de kan gøre anderledes og mere af. Vi har i tiden lige haft et glimmerende eksempel herpå, hvor statsministeren siger: "I skal ikke hamstre, vi har ikke en fødevarekrise." Selvsamme aften sagde jeg til min mand: "Jeg vil vædde 1000 kroner på, at der bliver hamstring." Ja! Masser af rationelle mennesker tog ud for at hamstre. Desværre væddede vi ikke 1000 kroner. Min mand er blevet klogere, han gider ikke vædde mere, det var ellers en god forretning for mig.

5. Sprog skaber virkelighed.
   Sproget har en afgørende betydning for fortolkninger, opfattelser og handlinger. Fremhæver du, hvad fokuspersonen gør godt igennem feedback, vil dennes adfærd tage udgangspunkt i det.

6. Små forandringer skaber større forandringer.
   Selv den længste rejse starter med det første skridt. I denne tilgang bestræber vi os på at afgrænse og tage ét skridt ad gangen. Vi går efter små skridt, som øger oplevelsen af succes, og som udløser større forandringer, fordi de bliver ved med at gentage sig.

7. Forandringer er uundgåelige, stabilitet er en illusion.

   Der er ikke noget, som altid sker. Led efter undtagelser fra problemet. Der findes situationer og perioder, hvor problemet ikke eksisterer. Hvis vi undersøger det, finder vi den adfærd, som fokuspersonen skal gentage.

8. Den, der selv er berørt af sagen, ved bedst.

   Centralt i denne tilgang er, at der findes en masse lokal ekspertise i forhold til, hvad der ville være løsningen for dem, der beder om hjælp. Det er ikke altid, at de er bevidste om denne ekspertise, men hvis vi udfolder og udforsker muligheder, vil denne viden træde frem. Det gør vi ved at stille spørgsmål, der vækker erkendelser. For det første vil øget bevidsthed om kloge handlinger (adfærd) bane vejen for gentagelser. For det andet kan en kortlægning føre til mere generel adfærd, der fungerer effektivt. For det tredje bidrager det til at sprede erfaring og læring.

Har du trossætningerne i baghovedet, når du undersøger og udforsker muligheder i trin to i SUSTAIN-ABLE modellen, vil du være opmærksom på at undersøge løsninger og adfærd, der skal gentages.

Kapitlet i et overblik

- Dine overbevisninger påvirker dine løsninger.

- Led efter løsninger.

- Udforsk det, der virker.

- Adfærd, der får opmærksomhed, gentages.

- Vores sprog påvirker fokuspersoner, adfærd, kontekster, osv.

- Det er i konktesten, ekspertisen findes.

- Små handlinger i en handlingsplan gør både vejen lettere og hjælper den bæredygtige handlingsplan. Små handlinger skaber store forandringer ved gentagelser.

LØFT er ligesom positiv psykologi et grundlæggende element, der påvirker, hvad vi undersøger og leder efter, når vi stiller coachende spørgsmål.

07

FEEDBACK ER DRONNINGEN

Feedback er et vigtigt redskab i vores kommunikation med hinanden til at skabe performance, læring, kreativitet eller sunde strategier. Coachens feedback er centralt i bæredygtig coaching, og personlig øjeblikkelig feedback er kernen. I bæredygtig coaching er det en del af coachens engagement at bidrage til, at fokuspersonen har den rette viden til at skabe en god rejse hen imod målet.

Jeg vil i dette kapitel komme ind på forskellige former feedback, der er tilpasset det, du ønsker at opnå.

Forskere har konkluderet, at feedback og målsætning virker bedre sammen på fokuspersonens performance end målsætningen alene.

Feedback spiller derfor to roller her:

- Det stimulerer fokuspersoner til at sætte mål for dem selv, og de efterfølgende feedbackbaseret mål hjælper dem med at forbedre deres performance endnu mere.

- Det fortæller fokuspersoner, hvor godt de gør det i relation til disse mål – herved styrker vi effekten af mål på performance.

Feedback er information, som fortæller fokuspersonen, hvor godt han eller hende performer på en opgave eller dennes fremskridt i forhold til et mål. Feedback stimulerer fokuspersonen til at sætte efterfølgende mål for deres performance. På den måde formidler målsætningen forholdet mellem feedback og performance. Feedback interagerer også med mål, så fokuspersonens performance forbedres mest, når både feedback og mål er til stede. På den måde modererer feedback forholdet mellem målsætning og performance.

Feedback er et samarbejde og et partnerskab i bæredygtig coaching. Det handler om at skabe refleksion, dialog, se og udforske nye muligheder samt handlinger hen imod målet. Det handler om, at den, der giver feedback, hjælper med at få fokuspersonen til at se, hvad der skal til for at komme godt i mål.

Når du giver feedback, så tænk over, hvilken justering du gerne vil opnå med den. Om det er:

- Performance
- Udvikling/fremskridt mellem mål
- Læring
- Kreativitet
- Sunde strategier

Feedbacken kan svinge mellem negativ, konstruktiv og positiv feedback:

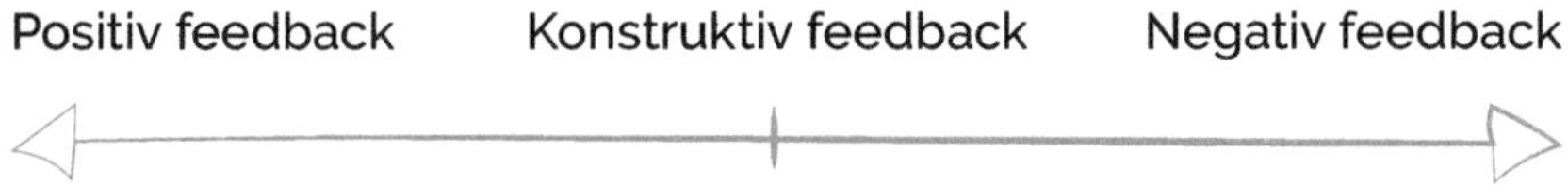

Det har afgørende betydning for fokuspersonen, hvor på aksen du bevæger dig.

Forskere har konkluderet, at den værdi, fokuspersonen tillagde feedbacken, fik afgørende betydning for, hvad feedbacken efterfølgende medførte – opadgående eller nedadgående spiraler. Det er derfor også essentielt, at vi stiller opfølgende spørgsmål til fokuspersonen efter vores feedback, så feedbacken bliver modtaget præcis, som vi ønskede det.

Forskningen viser også, at fokuspersoner, der søger eller får feedback samtidig med en hurtig reaktion, opnår en endnu bedre performance, altså en hurtig opadgående spiral.

Skal fokuspersonen udvikle sig, har han eller hun brug for, at fremskridtene bliver fremhævet, og brug for information specifikt på de områder, som fokuspersonen kan forbedre sig på. Når vi vil give feedback, bør udgangspunkterne være:

- Adfærden frem for på person
- Observationer frem for tolkninger

- Beskrivelser frem for vurderinger
- Så specifik som muligt
- Løbende hen imod målet
- Udforskende spørgsmål frem for råd.

Når vi giver feedback, skal det gøres uden et følelsesmæssigt sprog. Der lægges vægt på adfærden/handlingen frem for på fokuspersonen, altså det, fokuspersonen gør, kommer frem for det, hvordan fokuspersonen er. Feedback bør aldrig gives i vrede eller være dømmende. Den skal præsenteres som en mulighed for udvikling i stedet for noget truende eller skræmmende. Når feedbacken er specifik, kan fokuspersonen bedre omsætte den i praksis.

Feedback handler om, at vi kommunikerer et budskab ud til fokuspersonen, som udelukkende beror på handlingerne.

Vi kan give feedback på både positive handlinger og konstruktive samt negative handlinger. Du skal blot være opmærksom på, at når du giver negativ feedback, så skaber du ikke læring, du ombygger og forebygger fokuspersonens handlinger. Medmindre at fokuspersonen har en høj læringsorientering. Disse fokuspersoner anvender negativ feedback til at lære og bevarer en høj self-efficacy. Ligeledes har høj self-efficacy en afgørende betydning ved negativ feedback, fordi denne tro bevirker, om fokuspersonen hæver eller sænker deres mål.

Anvender du derfor negativ feedback, så vær opmærksom på fokuspersonen, fordi du kan risikere, at målet bliver nedsat, hvis fokuspersonen ikke har høj self-efficacy eller høj læringsorientering.

Forskningen viste også, at positiv og negativ feedback formidlede performance på den måde, at negativ feedback fik fokuspersoner til at nedjustere deres mål, og justerede deres mål opad, når de fik positiv feedback. Negativ feedback resulterede kun i en positiv påvirkning og øget målsætning, når uoverensstemmelsen mellem performance og standarden var relativ lille, eller fokuspersonen havde en høj self-efficacy eller læringsorientering.

Er du i tvivl, så anvend feedback, hvor du har fokus på positiv feedback, hvor du fremhæver det, som fokuspersonen gør godt, og tilføj, hvad fokuspersonen konkret kan gøre mere af.

Forskningen viser også, at fokuspersoner, der fik generel feedback på deres performance, forbedrede sig kun på de områder, hvor der var opsat mål, men ikke på de andre områder. I denne sammenhæng skal vi derfor anvende feedback, der er relevant for opnåelsen af målet. Det er derfor væsentligt at indsætte det i en konkret kontekst til, hvad vi ønsker at opnå.

Forskningen viser også, at for at mål skal være effektive, har fokuspersoner brug for løbende feedback omkring relevante fremskridt hen imod målet. Ved fokuspersonen ikke, hvordan det går, eller hvordan de klarer sig, er det svært eller umuligt for dem at justere indsatsen eller retningen af deres indsats eller tilpasse deres strategier. Fokuspersoner vil kort sagt kunne øge deres indsats, hvis de får løbende feedback. Feedback bliver således afgørende for performance og bæredygtig coaching.

I en kultur, hvor det er okay at give og tage imod feedback, er der også psykologisk tryghed.

Feedback kan gives til:

1. At skabe performance hen imod målet.
2. At skabe læring omkring gode resultater og få en gentagelse af de fremragende resultater (noget, personen gør, og som vi vil have personen til at gentage):
   a. Det, du gør lige nu, hvad er det?
   b. Når du ser, hvad de gør godt, så skal det uddybes så specifikt som muligt.
3. At tilføre læring (noget, fokuspersonen ikke ved) f.eks. ved at sige: Når jeg slapper mentalt af, så sidder jeg stille uden elektronik og bare observerer naturen. Hvordan kan du gøre det?
4. At skabe kreativitet.
5. At udføre sunde strategier.
6. At øge self-efficacy.

Feedback skal ikke gemmes i spørgsmål. Vi kan efterfølgende stille et spørgsmål, som giver fokuspersonen mulighed for at reflektere og respondere på vores feedback.

7.1. Performance skabt af feedback

Når vi giver feedback til at øge performance, skal vi fokusere på, hvad fokuspersonen specifikt gør godt, og supplere med:

- Hvad de også kan gøre mere af
- Hvad de også kan begynde på
- Hvad de også kan gøre anderledes.

Når vi fremhæver, hvad de gør godt, så skal det være en specifik tilbagemelding om, hvad vi oplever, at de gør godt, efterfulgt af et spørgsmål, der får dem til at se sig selv med positive øjne. Dette er for at skabe den positive opadgående spiral.

Når fokuspersonen har brug for hjælp til en performance udfordring, kan du stille spørgsmål for at udforske nutiden, fortiden og fremtiden – start med nutiden. Start med at nævne tre ting, der fungerer for fokuspersonen lige nu (positiv psykologi). Det frigiver oxytocin og skaber åbenhed. Når hjernens kemi har ændret sig, så kan fokuspersonen være mere åben over for løsninger og måder at tænke eller handle på.

Dernæst gå tilbage til fortiden. Spørg: "Hvornår har du haft en lignende udfordring som denne? Hvad gjorde du, der virkede?" De fleste ting i livet sker i mønstre, så det er sandsynligt, at fokuspersonen har oplevet noget lignende før.

Når du har genskabt, hvad der skete fra en positiv vinkel, så ret fokus på fremtiden. Spørg: "Hvad ved du allerede, at du skal gøre? Og hvad kan du gøre mere af?"

Fremhæv det, så fokuspersonen kan genskabe det. Du skal ikke spørge om hvorfor... Du skal blot fremhæve, hvad der skal gøres, altså handlingerne. På den måde viderefører du viden fra én kontekst til en anden. Når du hjælper med at videreføre viden fra én kontekst til en anden, så kan fokuspersonen fremover selv anvende teknikken.

Forskningen viser, at der er et positivt forhold mellem feedback og commitment. De fokuspersoner, der fik specifik feedback, samtidig med at det var sat i forhold til performance og målafvigelse, fik en højere commitment til den ønskede performance.

7.2. Læring skabt fra feedback

Ved læringsmål er denne form for feedback centralt, fordi feedback ikke kun skaber performance, men også læring. Forskningen viser også, at der er højere commitment ved læringsmål end ved performancemål.

Forskning viser yderligere, at fokuspersoner med et læringsmål både føler sig mindre anspændte og performer bedre efter negativ feedback end dem, der kun bliver tildelt et performancemål.

Hvad gør vi så i praksis?

Kig efter fokuspersonernes læring: Tag notits af, hvad der sker, når fokuspersonerne lykkes med at lære det, de er i gang med. Stop gerne op i øjeblikket og få dem til at få øje på, hvordan de gør. Når du skaber opmærksomhed på det, så lærer de noget.

Gentag det, du ser: Du skal ikke kun rose. Du skal fortælle, hvad du ser, når du ser det, hvordan det opleves udefra (metaposition). Spørg herefter ind til læringen.

Når du genfortæller, hvad du oplever, så dømmer du ikke eller vurderer eller forsøger at fikse fokuspersonen. Du fremhævner det, fokuspersonen gør, som er fremragende i læringsprocessen.

Fedback og læring	
I stedet for at sige:	Prøv at sige:
Må jeg give dig feedback?	• Her er mine betragtninger af x. Du gør x på denne måde…, og du gør y på denne måde … • Hvad tænkte du, da du gjorde x og y? • Hvad har du lært omkring x og y? • Hvad vil du kalde strategien?
Godt arbejde!	• De her tre ting bemærker jeg, fungerer for mig. Du gør x godt … • Hvad tænkte du, da du gjorde det? • Hvilke styrker lægger du mærke til?
Det her skal du gøre bedre.	• Det her virkede godt for mig, og her er grunden … Kan du gøre mere af x? • Hvordan kan du tage y ind i dit x? • Hvilke styrker kan du gøre brug af?

Det handler om at gøre det ubevidste helt bevidst, så fokuspersonen kan forstå det, forfine det og fremfor alt gentage det – det er læring i praksis.

I LØFT er der en læresætning: Fremhæv det, du gerne vil se mere af. Uanset hvilken tilgang der inspirerer os, så handler det om at få skabt en god læringsproces og et godt resultat igen og igen.

Disse ordvalg kan enten åbne for læring eller lukke for læring. Brug ordvalget som inspiration, når du ser noget og gerne vil øge læringen. Når vi sammen med fokuspersonen går ind i en metaposition og udforsker læring, så har fokuspersonen mulighed for at forholde sig til læringen fra et nyt perspektiv, som ikke er personlig, men omhandler processen. Anvender vi en positiv vinkel som i de ovenstående eksempler, skaber vi opadgående spiraler.

7.3. Kreativitet skabt fra feedback

Kreativitet er også en væsentlig del i nutidens forretningsverden og et ønsket resultat i mange virksomheder.

Forskere undersøgte, om målsætning i kombination med feedback har en stærkere positiv effekt, og om der er forskel på feedback over for kreative mål og mængden af performance. Forskningen viste faktisk, at fokuspersoner, der fik feedback på deres kreative performance, tillagde det mere værdi end den feedback, de fik på mængden af deres performance. Forskerne fremhæver, at dette skyldes, at det er lettere for fokuspersoner at evaluere mængden af deres performance frem for deres kreative performance.

Forskere fandt også ud af, at performance feedback på tidligere performance i kombination med kreative mål kan forbedre den generelle performance, hvis man sammenligner det med de fokuspersoner, som kun fik et kreativt mål. Det betyder, at hvis fokuspersonen får feedback på en tidligere opgave sammenhængende med et nyt kreativt mål, så forbedrer fokuspersonen både det kreative mål og sin performance.

Feedback, der fremmer kreativitet:

1. Sammenlignet med y, hvad gør fokuspersonen generelt godt ved x ...?
2. Sammenlignet med y, hvad gør fokuspersonen specifikt godt ved x...?
3. Sammenlignet med y, hvad kan fokuspersonen gøre mere og mindre af i forhold til x...?

Fokuspersoner foretrækker feedback på deres kreativitet, og jo mere specifik den er, jo bedre, især hvis den er koblet i forhold til tidligere performance, så øger den fokuspersonens generelle performance endnu mere.

7.4. Sunde strategier skabt fra feedback

Feedback kan også anvendes til at skabe sunde strategier. Selvom flere og flere har fået en øget bevidsthed om, at det er godt at have balance imellem performance og sunde strategier, så er det ikke ensbetydende med, at de nødvendigvis har en god balance. Vi skal sikre os, at de har den rette viden og anvender den i praksis.

Vi kan bruge feedback, når vi ønsker:

1. At skabe bevidsthed om, hvilket behov mønstret opfylder hos fokuspersonen.
2. At bremse og skabe klarhed over eventuelle negative mønstre eller vaner.
3. At finde et nyt mønster sammen, som udfylder det samme behov som det negative mønster eller vane.
4. At fremhæve og understrege fokuspersonens sunde udvikling i og uden for bæredygtig coaching.
5. At udvikle læringsmål inden for sunde strategier og bæredygtige handlingsplaner sammen med fokuspersonen.
6. At skabe motivation og engagement til at udføre sunde strategier.

Denne form for feedback bliver derfor anderledes end de ovenstående tilgange, fordi den er mere retningsanvisende og konkret angående det, fokuspersonen bør gøre for at bevare eller skabe en god balance. I denne form for feedback er det vigtigt, at fokuspersonen forstår meningen med din feedback for at skabe commitment til, hvordan fokuspersonen kan omsætte den viden i sin egen hverdag. Det er vigtigt at adskille, hvilken kontekst vi taler om, når det handler om sunde strategier, og hvilke sunde strategier fokuspersonen har behov for. Vi skal derfor altid udforske, hvad der fungerer for fokuspersonen, og hvad denne kan gøre mere af eller anderledes for at optimere sin balance mellem performance og sunde strategier.

7.5. Feedback og self-efficacy

Forskningen viser, at de fokuspersoner, der fik at vide, at deres performance steg over tid sammenlignet med andre, udviste en kraftig stigning i self-efficacy. Det betyder, at de troede mere og mere på sig selv, fordi de løbende fik positiv feedback.

Vi kan øge fokuspersoners self-efficacy ved at:

1. Sikre, at der er overensstemmelse mellem fokuspersonens evner og de opgaver, de skal løse, så der affødes succesfulde erfaringer.
2. Have en positiv overbevisning over for fokuspersonerne med opmuntrende kommunikation, så de får en oplevelse af, at de kan nå målet.
3. Fremhæve personligt specifikt det, de gør godt og skal gøre mere af.

Disse punkter hjalp fokuspersonerne med at tro mere på sig selv, så de på den måde performerede mere og bedre.

Forskningen viser, at der var et højere mål commitment hos

de fokuspersoner, der modtog personlig feedback, frem for dem, der kun modtog team feedback.

7.6. Feedback og dynamiske situationer

Under dynamiske situationer eller læringsmål eller kreative mål bør fokuspersonen opsøge løbende feedback. Når fokuspersonen aktivt og hurtigt opsøger feedback, er der større sandsynlighed for, at fokuspersonen opnår sit mål. Opsøger fokuspersonen ikke feedback, øger det derimod sandsynligheden for fejl, hvor virkeligheden ikke stemmer overens med målet. Planlæg derfor i den bæredygtige handleplan, at fokuspersonen løbende opsøger feedback fra relevante aktører.

7.7. Feedback som trusler

Feedback opfattes af nogen som en trussel. Dit ordvalg er derfor vigtigt. Ordvalget er i feedback centralt, og måden, hvorpå vi giver feedbacken, bliver betydningsfuldt for, hvordan feedbacken opfattes. Hjernen kan lukke ned, når feedback opleves som en trussel.

Hjerneforskningen har fundet ud af, at en eller anden form for kritik udløser signalerne i smertecenteret, fordi vi føler os truet. Det forklarer, hvorfor det er så svært at give god feedback, især feedback, hvor der skal skabes performance, læring, kreativitet eller sunde strategier. Brug derfor ovenstående rammer til de forskellige former for feedback og spørg bagefter fokuspersonen:

- Hvad tænker du om min feedback?
- Giver den mening for dig?
- Kan du bruge den? Til hvad? Er der noget, du ikke kan bruge?
- Er der noget, du ønsker feedback på?
- Er der noget, jeg skal ændre til næste gang, jeg skal give dig feedback?

Bliver din feedback alligevel misforstået, så fanges den her, og du har mulighed for at korrigere fokuspersonens oplevelse af feedbacken.

På den måde bliver din feedback også optimal til de fokuspersoner, du sidder overfor, og du bliver endnu bedre til at give feedback.

Kapitlet i et overblik

- Feedback er en central del i bæredygtig coaching.

- Feedback skal formuleres ud fra, hvad den skal anvendes til.

- Feedback skal være kontekstafhængig.

- Feedback bør gives løbende, og gerne positiv feedback, til at skabe opadgående spiraler.

- Der skal spørges ind til den måde, feedback gives på, så modtagelsen sikres.

- Feedback skal løbende optimeres.

Bæredygtig coaching kan ikke anvendes uden feedback, og din form for feedback har en afgørende betydning. Afgør derfor, hvilken form for feedback du skal anvende til det ønskede mål.

Del 2
08

MODELLEN I BÆREDYGTIG COACHING ER DIT ES

Bæredygtig coaching er overordnet bygget op i to faser, hvor første fase er opdelt i syv trin (SUSTAIN), og anden fase er opdelt i fire trin (ABLE).

Første fase omhandler målsætning, udforskning af muligheder, sunde strategier, accept, indflydelse og det at nyde rejsen.

Der skal efterfølgende i anden fase laves en opfølgning til at sikre bæredygtigheden i accelerering, balance, læring og fortsættelsen hen imod målet med en evaluering.

Nogle gange skal vi bruge kortere eller længere tid på et trin. Det afhænger af, hvad der coaches på (performance-mål, læringsmål eller kreative mål), og hvad fokuspersonen skal anvende i trinene ud fra målsætningen.

Sådan ser modellen ud:

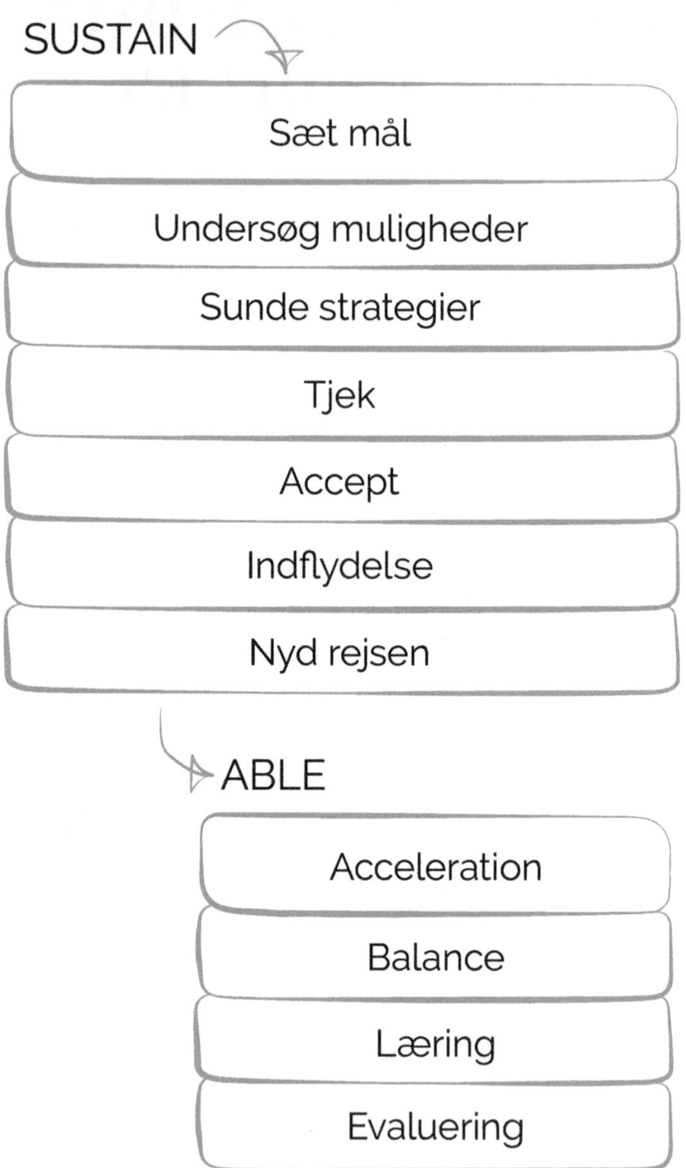

8.1. Sæt mål

Forskningen omkring performance viser, at et højt mål, der er specifikt, fremmer performance.

Inden for målsætning skal der i bæredygtig coaching adskilles mellem at sætte mål, der er: Specifikke performancemål, specifikke, svære læringsmål og specifikke, svære, kreative mål.

En organisation, der gerne vil overleve i en verden med konstante krav og forandringer, er nødt til at skelne skarpt mellem højt, specifikt performancemål, et specifikt, svært læringsmål og specifikt, svært, kreativt mål. Ønsker man innovative løsninger, så er vi nødt til at opstille kreative mål frem for performancemål og læringsmål.

Spørgsmålet bliver derfor: skal der skabes fremdrift, læring eller innovation?

Til at afgøre, om der skal opstilles et performancemål, læringsmål eller kreativt mål, som yderligere deler sig i tre grene: Stillet, sat med indflydelse og selvsat mål.

Opdelingen af målsætningerne ses her:

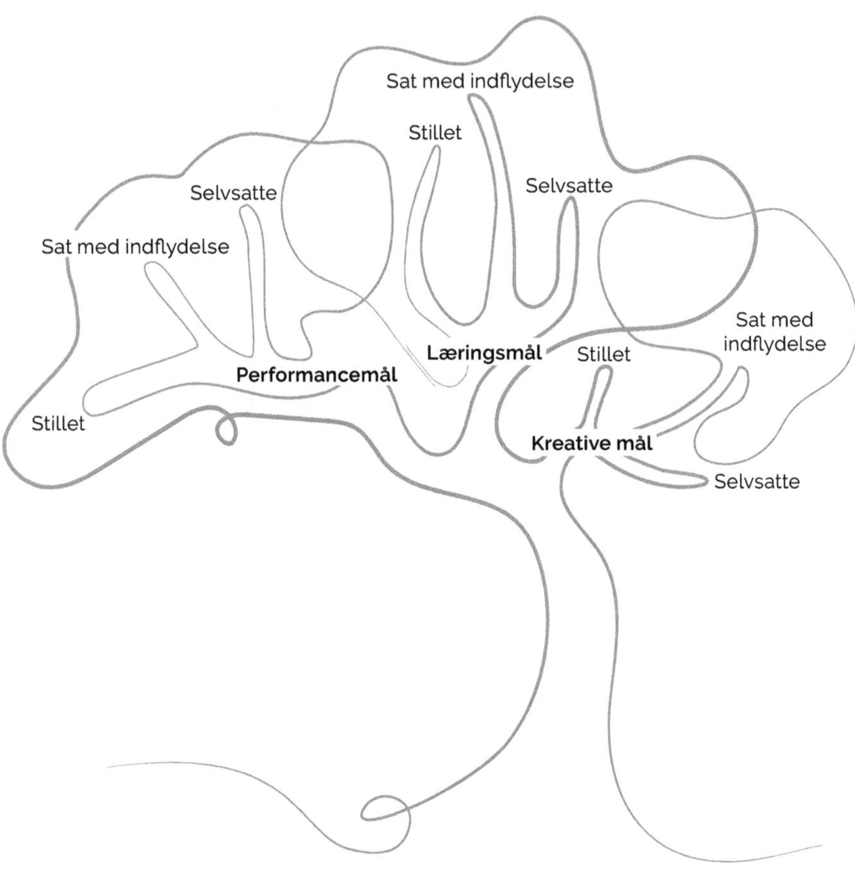

Jeg vil gerne lige forelægge nogle af de målsætninger, jeg har arbejdet med det sidste års tid.

Performance mål	Læringsmål	Kreative mål
• Overskud • Øget salg • Øget effektivitet • Øget produktion • X-antal salgs-møder om uge • X-antal klik om ugen • Skrive speciale • Medarbejder-tilfredshed • Høj trivsel • Arbejdsglæde	• Kriseledelse • Strategisk ledelse • Distance-ledelse • Coaching • MUS • LUS • Opkvalificering af personale • Lækre løft • Behandlings-planer • Slappe mentalt af • Mindfulness	• Samarbejde i teams under Covid-19 • Skabe godt sammenhold under Covid-19 • Udvikle it-programmer • Produkt-udvikling • Ny og lettere brugerflade til x • Musiknumre til x • Sjove, sunde strategier

Alle mine eksempler på forskellige målsætninger er selvfølgelig afhængige af konteksten – en privat eller offentlig organisation, og om det er et stillet mål, stillet med indflydelse eller selvsat.

For at et mål skal være bæredygtigt, skal det fungere på kort og på lang sigt. Det vender jeg tilbage til.

Alle tre målsætninger er relevante i både private og offentlige organisationer, omend der i de private organisationer måles mere på vækst og indtjening, hvor der måles mere på høj trivsel og god behandlingstid vedrørende eksempelvis ventelister på sygehuset og byggegodkendelser. På den måde er der tale om vidt forskellige bundlinjer.

Forskning viser, at specifikke, høje performancemål anvendt i komplekse udviklingsopgaver, hvor der kræves kreativitet og innovation, kan komme til at skade mere, end det gør gavn. Det er, fordi fokuspersonerne både får en dårligere performance, de kommer til at gøre vold på sig selv for at opdage strategier usystematisk og fejler i at lære, hvad der er effektivt. Det er derfor vigtigt at have en skarp adskillelse mellem de forskellige målsætninger.

Forskningen påviser, at jo mere kompleks opgaven er, jo mere vil performancemålet virke modsat hensigten, fordi fokuspersonerne både får en dårligere performance og ikke lærer, hvordan de så skal løse opgaven på den bedste måde. Performancemål handler om at komme i mål, ikke at skabe læring omkring løsningen af opgaven eller finde de rette strategier til at løse opgaven. I håb på at øge performance skal vi være opmærksomme på, om opgaven er kompleks, hvor vi skal undersøge om, at et læringsmål eller kreativt mål er bedre.

Høje, specifikke performancemål kan nemlig skabe den bagside, hvor medarbejdere og lederes adfærd ændres til at tænke kortsigtet på den hurtige gevinst, men ikke på læringsperspektivet eller innovationen. Performancemål skal derfor nøje opsættes, hvis det er noget, medarbejderen skal gøre, og som de i forvejen mestrer eller let kan tilegne sig.

Performancemål er de mål, hvor fokuspersonen skal opnå noget specifikt, opnåeligt og meningsfyldt. Her viser forskningen, at accept af målet og muligheden for at have indflydelse på opgaverne gav en højere performance. Et højt mål virker, når vi i forvejen har de evner eller strategier, der er nødvendige til at opnå målet. Når fokuspersonen er trænet i de strategier, det kræves, så øges performance.

Kims speciale er et performancemål

Kim vil gerne skrive sit speciale færdigt, men han skal aflevere om 30 dage, og han har skrevet fem sider, han mangler cirka 80 sider. Han har udskudt det i seks måneder, og han overvejer at udskyde det seks måneder mere. Han har samlet alt sin data. Kim er vant til at skrive opgaver, og hans mål er højt og specifikt.

Kim får fastlagt, hvor mange sider han skal skrive hver dag, hvordan han skal indsætte sine data, og hvordan han efterfølgende skal skrive. Vi aftaler, hvornår han skal holde pauser, og hvilke ting han skal gøre på ugentlig basis for at have sunde strategier undervejs (tid til at spise, gå en tur, være sammen med familie, venner, træning, osv.). Vi vender både gevinster og tab, hvis målet ikke nås.

Næste gang jeg ser Kim, har han skrevet sit speciale. Han beskriver processen som værende god, fordi han havde en god plan for at tanke op. Han fortæller, at det var på grund af sessionen, at han kunne finde motivationen til at blive færdig.

Det har den modsatte effekt, hvis vi stiller et højt, specifikt performancemål til komplekse opgaver, hvor der i stedet var brug for et specifikt, svært læringsmål. Det betyder, at hvis det er en kompleks opgave eller en dynamisk situation, hvor tingene ændrer sig undervejs, så giver specifikke, svære læringsmål højere performance end performancemål. Forskningen viser også, at delmål, der er tæt på, øger performance (som i Kims tilfælde, hvor han skrev et bestemt antal sider hver dag).

Når der opstilles kreative mål, kommer der en højere kreativ performance, end hvis der ikke opstilles kreative mål, fordi fokuspersonen bruger mere tid på at tænke på en opgave og prøver at udvinde viden af potentielle løsninger. Forskningen viser, at der blev overvejet flere antal svar, og generet en lang række muligheder, før fokuspersonen træffede en endelig afgørelse ved kreative mål. Fokuspersoner, der ikke fik et kreativt mål, undersøgte kun få mulige løsninger, inden de træf en endelig afgørelse. Ønsker vi at opnå kreativitet, er det væsentligt at opstille et kreativt mål.

Inden for målsætning skal der være afklaring af, hvilken form for målsætning der skal coaches ud fra. De spørgsmål, der kan stilles til de forskellige målsætninger, kan du læse mere om i spørgsmålene i "Bæredygtig coaching".

Så hvad er et højt, specifikt performancemål, svært, specifikt læringsmål eller specifikt, kreativt mål?

Højt, specifikt performancemål

Forskningen viser, at overordnet handler performancemål om at skabe resultater. Disse mål kan stilles, hvis fokuspersonen allerede kender måden, hvorpå opgaven skal løses. Ved de ikke, hvordan opgaven skal løses, så skal der i stedet opstilles et læringsmål, hvis det handler om at øge fokuspersonens kompetencer, eller et kreativt mål, hvis der skal udforskes nye kreative løsninger.

Specifikt, svært læringsmål

Et læringsmål skal sættes, når fokuspersonen mangler kompetencer til at opnå en ønsket performance.

Forskningen viser, at læringsmål skal være specifikke, svære mål, hvor der er behov for at lære nye strategier til at løse en specifik opgave. Svære, specifikke læringsmål giver højere performance end lave læringsmål. Et læringsmål fokuserer opmærksomheden på at opdage og mestre strategier, processer eller procederer for at udføre den krævede opgave effektivt.

Når fokuspersoner er i et læringsstadium (det vil sige, når de endnu ikke har erhvervet passende rutiner), bør deres tankegang være på at finde måder at mestre de processer, der kræves for at udføre opgaven effektivt, snarere end på måder at opnå en specifik performance. Et fokus på et svært, specifikt performancemål frem for et læringsmål kan forstyrre indlæringen af passende strategier eller procedurer, der gør det muligt for fokuspersoner at fremskynde deres effektivitet. Derfor bør fokuspersoner undgå at sætte et specifikt, svært performancemål, indtil de har erhvervet sig kompetencerne (viden, færdigheder og dygtighed) til at udføre opgaven.

Dette understøttes af forskning omkring performance forbedring som et resultat af læringsmål og performancemål sat samtidigt. Mental overbelastning opstod, når målet var for stort. Det betyder, at hvis vi bliver for ambitiøse omkring både at sætte læringsmål og performancemål på én gang, så risikere vi, at fokuspersonen ikke kan performe på nogle af områderne, fordi hjernen bliver overbelastet, og System 2 bliver drænet.

Vi skal derfor være opmærksomme på, om fokuspersonen kan have overblik over mere end et læringsmål samtidigt med et performancemål, fordi vi kan komme til at bremse både læring og performance, hvis fokuspersonen ikke har ressourcer til begge opgaver på én gang. Forskningen påviste, at de samlede vanskeligheder, fokuspersonen havde med et læringsmål, var væsentlig relateret til det samlede antal strategier, der blev opdaget og implementeret af fokuspersonen.

Når fokuspersonen har den rette viden eller evner til at løse en opgave, så er et læringsmål ikke længere relevant, og så kan der skiftes fokus til et specifikt, højt performancemål.

Kreativitet betragtes som en afgørende faktor for organisationers succes i dagens omskiftlige verden. Organisationer er afhængige af kreative idéer fra deres medarbejde-re, og kreativitet kan være afgørende i forhold til vækst og konkurrenceevne.

Jeg har bemærket, at flere har opstillet læringsmål som ve-jen til kreativitet, men jeg vil gerne fremhæve, at det ikke er det samme, og jeg vil her uddybe, hvad et kreativt mål er.

Specifikt, svært, kreativt mål

Forskningen har fokuseret på kreativitet som et resultat og en proces. Forskningen har også undersøgt forholdene mel-lem kreative mål og kreative performance både på et indi-viduelt niveau og på team niveau. Der har også været forsk-ning på effekten af produktivitetsmål af et opstillet kreativt mål.

Forskningen viser, at kreative mål skal opstilles som et be-vidst kreativt mål, altså, at det er det kreative perspektiv, der ønskes. Det kan enten være i form af "gør dit bedste" eller være et specifikt, svært, kreativt mål. For at det skal være let for dig som læser og til anvendelse, vil jeg igennem bogen kalde det et specifikt, svært, kreativt mål.

Kreativitet defineres som, i hvilket omfang et produkt eller proces både er ny og passende. Kreative mål skal opstilles til at mobilisere opmærksomheden og indsatsen hen imod skabelsen af kreativitet til udførelsen eller i udførelsen af en opgave. Det er nødvendigt for fokuspersonen at vide, at kre-ativitet er den ønskede indsats. Når mål udelukkende sættes til produktivitet og ikke til kreativitet, vil det kreative resultat lide under det.

Målmekanisme, der påvirker kreativiteten:

1. At rette opmærksomhed og fokusere på de relevante aktiviteter.
2. En stigende indsats.
3. Etablering af vedholdenhed, der medfører, at fokuspersoner udvikler opgaverelevante mentale strategier.

Dette er de tre generelle mekanismer, fokuspersonen skal gøre brug af for at skabe resultater på baggrund af kreative mål.

Forskere afprøvede det at opstille svære, kreative mål og produktivitetsmål. De opstillede to specifikke, svære, kreative mål og et produktivitetsmål. Fokuspersonerne havde beføjelser til at skifte mellem opgaverne, når det var nødvendigt. De måtte holde pauser, når de havde brug for en opfriskning. Forskerne påviste den højeste kreativitet og produktivitet, fordi målene fik fokuspersonen til at arbejde hårdt på alle tre opgaver.

Forskere fandt også ud af, at fokuspersoner, der har både et specifikt, svært, kreativt mål for de kreative opgaver og et performancemål for de mellemliggende opgaver, som var mere simple, kunne holde en ensartet rytme og tempo. De havde en højere kreativitet, fordi den mellemliggende opgave hjalp med at genfokusere opmærksomheden på kreativitet.

Der har været en stærk vægtning på behovet for, at fokuspersoner skal fokusere deres opmærksomhed i betragtning af, at den kreative tankeproces anses for at være mentalt krævende (System 2). Forskningen viste, at det er derfor væsentligt, at fokuspersonen har sunde strategier til at genetablere eller skabe vedvarende energi til kreativitet.

Fokuspersonerne fik nemlig mulighed for at skifte mellem System 1 og 2, som jeg nævnte i kapitlet om forskning.

Udforsk, om det skal være et performancemål, læringsmål eller kreativt mål:

- Kan fokuspersonen udføre opgaverne?
- Kan eller skal fokuspersonen lære at udføre opgaverne?
- Skal fokuspersonen skabe noget nyt eller kreativt?

Dette er de basale overvejelser, vi skal have, inden vi starter på den bæredygtige coaching.

Stillet, mål sat med indflydelse eller selvsat

Der er forskel på, om målet er stillet, sat med indflydelse eller selvsat:

- Stillet mål er, når målet er designet og valgt af f. eks. lederen eller organisationen.
- Mål sat med indflydelse er, når målet er helt eller delvist designet og valgt i fællesskab via dialog.
- Selvsatte mål er, når målet er designet og valgt af fokuspersonen eller fokuspersonerne.

Den bagvedlæggende proces er forskellig ud fra, hvem der opstiller målet.

Stillet mål

Hvis målet er stillet, så er det lige så effektivt som et mål sat med indflydelse. Stillet mål kan blive accepteret helt, højt, medium, lavt eller afvist. Læs mere om dette i trinnet "Accept": Er målet accepteret helt eller højt, bliver det til et selvsat mål.

Forudsat at der er et rationale for det stillede mål, har fokuspersonerne brug for et "HVORFOR opstiller du målet", og "HVORDAN er målet opstået", altså "HVORDAN nåede du frem til netop dét mål". Bliver målet stillet uden et "hvorfor", medfører det en endnu lavere performance, end hvis målet er sat i samråd og med indflydelse fra fokuspersonen. Fokuspersonen kan dog vælge ikke helt at acceptere eller afvise målet, hvilket igen vil medføre en lavere performance.

Jeg oplever, at når jeg stiller spørgsmålet, hvorfor og hvordan målet er opstået, så kan det være svært at forklare. Ønsker vi derfor at skabe tilslutning til et stillet mål, så skal vi have et svar klar, der er kort og præcist. Kan vi ikke gøre det, så kan vi ikke forvente tilslutning.

Stillet svære mål øger self-efficacy, fordi fokuspersonen føler, at der ligger et implicit udtryk af tillid fra en leder om, at medarbejderen kan opnå målet. Jo mere visionær lederen var, jo højere performance. Forudsat at fokuspersonen accepterede målet.

Når målet er sat fra lederen, kan det medføre, at fokuspersonerne sætter endnu højere mål, fordi de oplever en stigning i self-efficacy. Fokuspersoner med høj grad af self-efficacy er også mere engageret i tildelte mål, de finder og bruger bedre opgavestrategier til at nå målet.

Kan der opsættes underliggende delmål med indflydelse fra fokuspersonen, der understøtter det stillet mål, eller er der mulighed for indflydelse på opgaverne, så vil denne konstellation være mest optimal. (Læs mere i næste afsnit og under trinnet indflydelse.)

Mål sat med indflydelse

Stillet mål og mål sat med indflydelse er ud fra et motiverende perspektiv lige effektive, HVIS formålet (HVORFOR) og rationalet bag (HVORDAN vi nåede frem til det stillede mål) forklares. Uden "hvorfor og hvordan du nåede frem til målet" medfører en performance, der er betydelig lavere end et mål sat med indflydelse. Er du udfordret på, hvorfor eller hvordan målet er sat, så er det bedre at sætte et mål med indflydelse, fordi det skaber størst sandsynlighed for, at fokuspersonerne accepterer målet og I lettere finder frem til gode opgavestrategier i trinnet "Indflydelse" i modellen SUSTAIN-ABLE. Indflydelse på målet og opgaverne er ikke det samme. Målet er, hvad der skal opnås; opgaverne er, hvad der skal gøres, altså handlingerne (adfærden). Jeg vil dog fremhæve en yderligere fordel ved stillet mål med indflydelse. Det viser sig nemlig, at stillet mål med indflydelse gør, at fokuspersonerne sætter endnu højere mål, end en leder gør, og som jeg har fremhævet under kapitlet forskning: Jo højere mål, jo højere performance.

Så inden I kaster jer ud i at stille mål uden eller med indflydelse, så bør I overveje, hvilken form I vil vælge, og om I overhovedet kan forklare, hvorfor og hvordan målet blev stillet, ellers vil et mål stillet med indflydelse medføre den bedste performance. Et "hvorfor", der er baseret på at tjene flere penge, er sjældent et mål, der får stor tilslutning, medmindre det handler om at bevare sit job.

Selvsat mål

Selvsatte mål har en tendens til at være styret af personlige behov, værdier, andre høje mål, sociale og kontekstuelle og sommetider ubevidste mål.

Selvsatte mål skal afgøres, om de stemmer overens med organisationens mål, da de ellers kan have en modarbejdende effekt på de overordnede mål.

Mål som trusler

Mål kan øge stress, hvis de bliver oplevet som en trussel for fokuspersonen. Hvis der opstilles for mange mål på én gang, samt hvis de overstiger fokuspersonens evner til at opnå dem, vil det medføre stress og lav grad af commitment. For at undgå, at målet bliver oplevet som en trussel, kan der opstilles få mål, som fokuspersonen kan fokusere på. Har fokuspersonen mulighed for at prioritere imellem målene, vil det yderligere sænke truslen.

Et specifikt, svært performancemål kan også resultere i stress. Men stress kan både blive vurderet som en udfordring (mulighed for vækst) eller en trussel (fiasko er en mulighed). Det er derfor afgørende, at målet accepteres, så det ikke bliver stressende for fokuspersonen. Det vil jeg vende tilbage til.

Forskningen viste, at fokuspersoner med et læringsmål havde højere performance på en kompleks opgave end dem, der havde et performancemål. Forskerne afprøvede flere forskellige opstillinger. En væsentlig ændring var, hvad blev vurderet som en trussel fra fokuspersonerne. Et specifikt, svært læringsmål ansås ikke som en trussel. Modsat viste det sig hos fokuspersonerne, der havde et performancemål: Denne type af mål øgede deres oplevelse af en trussel.

Forskerne påviste, at læringsmål er særligt gavnlige, når fokuspersonerne oplever et performancemål som en trussel. Det er derfor afgørende, at vi spørger ind til fokuspersonens oplevelse af målet, når det er stillet, da en simpel ændring fra performancemål til læringsmål faktisk ændrer oplevelsen og herved fokuspersonens egentlige performance.

Forskere fandt også ud af, at et læringsmål er særligt gavnligt, når fokuspersoner modtager negativ feedback på deres performance på en kompleks opgave, der i forvejen opleves som en trussel, og hvor de i stedet kunne have anvendt feedbacken som funktionel frem for én, som nedsætter deres mål.

Oplevelsen er også noget, jeg fokuserer på i trin syv – "Nyd rejsen". Det vender jeg tilbage til.

8.2. Udforsk muligheder og handlinger

Adfærdsdesign har inspireret mig til størstedelen af dette trin, fordi vi igennem denne viden kan få fokuspersonen til at lave en endnu bedre beregninger til at skabe bæredygtige resultater på baggrund af vores bæredygtige handlingsplan. I dette trin påbegynder vi en kalibrering til den bæredygtige handleplan. Mulighederne er i det, der kan handles på.

Områder, der styrker den
bæredygtige handleplan:

– **Udforsk de lette handlinger**
De lavest hængende frugter har vi alle brug for at plukke, hvorfor så ikke udforske? Hvilke handlinger er lette?

– **Udforsk de udfordrende handlinger**
Den anden vinkel er også at have øje for, hvad
der er mere udfordrende for fokuspersonen.
Hvad er udfordrende for dig?

– **Udforsk to fluer med et smæk**
Er der handlinger, som fokuspersonen
helst vil være foruden, så kan vi undersø-
ge, om fokuspersonen kan kombinere det
med noget, som fokuspersonen godt kan
lide. Fra adfærdsforskningen kalder vi det
Temptation Bundling, hvilket betyder, at vi
kobler f.eks. træning sammen med at høre
en god lydbog eller løb med at se fjernsyn.
Temptation Bundling er en måde at styrke fo-
kuspersonens viljestyrke på, fordi det er lettere,
når vi kobler noget, der er knap så sjovt, med
noget sjovt.

– **Udforsk mulige tab**
Loss aversion (tab) er en motivationsfaktor,
der motiverer fokuspersoner mere end gevin-
ster. Adfærdsforskere har fundet, at tab frem-
mer handling, skaber fokus, klarhed og mo-
tivation. Når vi undersøger mulige tab ved
manglende handling, kan vi samtidigt ople-
ve ekstra motivation. Det kan være spørgs-
mål som: Hvad sker der, hvis du ikke gør det?
Dette spørgsmål anvendte jeg til Kim i ovenstå-
ende case.

– **Udforsk fremtidige skrækscenarier**

Udforsk alle de mulige fremtidige scenarier (hvad der kan gå galt), så vi kan tage højde for dem i vores bæredygtige handleplan. Når fokuspersonerne har fundet så mange som muligt, skal de inddele dem i "sandsynligt" og "usandsynligt". Efter denne rangering skal der tages højde for de sandsynlige, så fokuspersonerne er opmærksomme på dette i den udfærdigede handleplan og herigennem lave en bedre kalibrering.

– **Udforsk Murder Board**

Kært barn har mange navne – murder board, djævlens advokat og scrubdown. Tanken er, at fokuspersonen forholder sig kritisk konstruktivt til handleplanen for at forbedre situationen, forhindre fejl, undgå unødvendige handlinger, finde alternative og bedre løsninger. Alt i alt skal man belyse handleplanen fra alle vinkler, så den bliver så bæredygtig som muligt. Hvad skal fjernes for at få en lettere handleplan?

– **Udforsk: Hvad nu, hvis jeg falder af hesten?**

Udforskning af, hvad fokuspersonen gør, hvis denne kommer væk fra sporet. Alle gør det i ny og næ, men det afgørende bliver, hvad vi så gør, når det sker. Vi skal have fokuspersonen til at planlægge, hvad der skal gøres, så de lettere (og med venlighed) kommer tilbage på sporet igen. Det ville være optimalt, hvis vi også kan udforme det til en læringssituation, så fokuspersonen tager det med sig fremover. Hvis du falder af hesten, hvad gør du så?

— **Udforsk påmindelsen**
Hvad skal minde fokuspersonen om, hvad de skal gøre? Nogle foretrækker at skrive den bæredygtige handleplan ned, andre tager et billede, og andre igen har post-it sedler. Find det, der hjælper med at minde fokuspersonen om adfærden. Hvad skal minde dig om dine handlinger?

— **Er opgaven kompleks?**
Udforsk, om opgaven er kompleks, så skal fokuspersonen have indlagt en planlægnings-elastik, hvis der kommer store bump på vejen. Er opgaven kompleks? Har du brug for en planlægnings-elastik?

Planlægningsintentionen er en måde at styrke vores bæredygtige handleplan, fordi når vi udforsker denne, så internaliserer vi vores motivation, og vi bliver committet til en specifik adfærd.

Vi kan ligeledes udforske: Hvis fokuspersonerne støder på situation X, så vil de udføre adfærd Y. I dette tilfælde bliver planen mentalt knyttet til situation X, og når fokuspersonen står i den specifikke situation, aktiveres den automatiske adfærd. Derfor bliver handleplanen tillige lettere at gennemføre, fordi vi har planlagt den med System 2 og herved lettere kan automatisere planen med System 1.

Ved komplekse opgaver skal der indlægges det, jeg kalder en planlægnings-elastik. Det betyder: Hvis handleplanen ikke går som forventet, skal fokuspersonen ikke anvende automatisk adfærd, men træffe en ny beslutning i System 2. Inspireret af LØFT. Hvis det ikke virker, så gør noget andet. Det er vigtigt at fremhæve, at jeg ikke argumenterer for en plan B, fordi forskningen viser, at en plan B nedsætter motivationen og får fokuspersoner til at acceptere, hvad de gør, hvis de ikke når i mål, hvilket påvirker deres performance i en nedadgående spiral. Planlægnings-intentionen virker, men skal anvendes med en elastik, hvis det er komplekse opgaver, vi anvender den til. Husk afvejning og forsinkelser fra den systemiske tilgang. Elastikken bliver anvendt for at revidere planen, hvis det ikke virker eller går som forventet for at opretholde progression.

Udforsk ubevidste mål

Ubevidste mål er noget, mennesker ikke bevidst opdager, og som kommer af en eller anden form for miljøudløser, som for eksempel materielle ting (bog, billede), dufte (rengøringsmidler, slik) eller et navn på en betydningsfuld person (børn, forældre, kærester). Selvom vi ikke opdager disse stimuleringer, så påvirker de os. Aktivering af et mål behøver ikke kræve bevidst opmærksomhed eller regulering. Fokuspersonen kan efterfølge ubevidste mål, uden at de er opmærksomme på, at de gør det. Uanset om målet er aktiveret bevidst eller ubevidst, opererer det effektivt til at guide fokuspersonens målrelevante kognition, følelser og adfærd.

Ubeviste mål kan producere lignende performanceresultater som en bevidst målsætning og kan supplere bevidste målsætninger til at øge performance. Ubevidste mål kan øge fokuspersonens commitment og motivation til en målrettet adfærd eller få et allerede stillet mål til at virke endnu mere attraktivt.

I kraft af, at vi opererer uden for bevidstheden, kan ubevidste mål stimulere performance uden at udøve mental belastning (System 2), som der anvendes, når vi arbejder med bevidste mål. Udover de potentielle motiverende fordele, kan ubevidste mål også øge den tilgængelige kapacitet i hjernen til at tilpasse sig nye situationer og tilegnelse sig kompleks viden og læring af færdigheder uden direkte bevidsthed herom.

Et ubevidst mål fungerer ligesom et bevidst mål. Den eneste forskel er, at det sker uden for en bevidsthed. Bevidste er selvvalgte, stillet eller stillet med indflydelse udtrykkeligt, imens et ubevidst mål er aktiveret indirekte. Et bevidst mål motiverer fokuspersonen til at vælge at udøve en vedvarende indsats med målrettet, bevidst adfærd. Et ubevidst mål har den samme effekt, selvom det kommer automatisk og uden bevidst kontrol fra fokuspersonen. Lad mig forklare det med et eksempel. Vi ser i tiden voksne og børn gå hen til firkantede apparater og sætte hænderne frem for at få sprittet dem af, selvom genstanden ikke indeholder sprit. Denne adfærd er blevet automatiseret og er nu et ubevidst mål, der motiverer vores adfærd.

Forskere sammenlignede ubevidste mål om god performance over for et ubevidst mål om at samarbejde med andre. En gruppe fokuspersoner fik et ubevidst mål om bedre performance og opnåede bedre performance end kontrolgruppen. En anden gruppe fik et ubevidst mål om samarbejde. Denne gruppe fik også bedre samarbejde end kontrolgruppen. Derudover viste forskningen, at effekten af de ubevidste virkemidler forsvandt efter fem minutter, hvis de blev fjernet. Men den motiverende virkning og udførelse steg markant.

Forskere fandt ud af, at et mål kan blive aktiveret indirekte af de midler, der bruges til at nå det. Ønsker du at løbe mere, så vil placering af løbetøj og -sko minde dig om, at du skal/vil afsted.

Kort sagt: At placere midlerne til et givet mål eller muligheden for at forfølge et mål lettere, aktiverer målet, og øger opnåelsen af det. Såvel som vedholdenhed og kvaliteten af opgaveperformance.

Ubevidste mål er dog ikke bedre end bevidste mål. Forskere fandt ud af, at performanceeffekten af det høje, specifikke, bevidste mål var langt bedre end det ubevidste mål.

Ved at sammenligne ubevidste og bevidste mål fandt forskere også ud af, at høje, specifikke mål slår ubevidste mål med flere længder, selvom ubevidste mål også øger performance sammenlignet med kontrolgruppen uden mål.

Dette blev påvist ved hjælp af et billede af en kvinde, der vandt et løb, hvor fokuspersonens mål var ubevidst, og et højt, stillet, specifikt mål om at samle penge ind. Resultatet blev gjort op i dollars indsamlet fra donorer. Der var en betydelig effekt både fra det ubevidste og det høje, specifikke, bevidste mål. Midlertidigt havde det bevidste mål en stærkere effekt på mængden af de indsamlede dollars end det ubevidste mål, hvor det bevidste mål slog det ubevidste med betydeligt flere indsamlede penge.

Forskere undersøgte også konflikterne mellem bevidste og ubevidste mål og konfliktens betydning på performance. De fandt ud af, at når et bevidst mål for hastighed blev parret med et grundlæggende mål for nøjagtighed og omvendt, undergravede målene hinanden, fordi de modarbejdede hinanden. Dette er en vigtig pointe for, hvorfor vi ved stillet mål og stillet mål med indflydelse skal undersøge om, at fokuspersonen/fokuspersonerne kan acceptere målet, og om, at der er noget, der for eksempel skal tilføjes, ændres eller fjernes ved indflydelse.

Forskere fandt yderligere ud af, at selvom et bevidst mål og ubevidst mål ikke korrelerer, har deres virkning på performance vist sig at være additiv. De to mål har så at sige en større effekt sammen end alene. Med mine ord: 2+2 giver 5 her. Den praktiske implikation af denne konstatering er, at underbevidstheden kan anvendes til fordel for fokuspersonen og organisationen. Når vi opererer med ubevidste mål, skal vi være opmærksomme på, at det kun er de mål, som der på forhånd eksisterer i sindet, der kan påvirkes, og mål, der bliver præsenteret negativt eller stillet spørgsmålstegn ved, mister deres værdi.

Selvom det er usandsynligt, at virksomheder bruger krypterede sætninger eller ordopgaver som ubevidst styrring af adfærd, er andre stimuli som billeder, musik, artefakter (skulptur, logo) og dufte mere relevante for organisationerne og lettere at anvende. Ønsker du at skabe et åbent kontormiljø med plads til koncentration, kan du overveje billeder, musik og små vægge, der fremmer netop dette.

Mål er mentale repræsentationer af en sluttilstand, og som sådan giver de et referencepunkt for al adfærd. Den nævnte forskning viser, at mål kan aktiveres uden for bevidstheden som en træksnor i miljøet. Blot husk, at effekten forsvinder efter fem minutter. Det faktum, at ubevidst påvirkning har en betydning for vores adfærd, betyder ikke, at det kontrollerer ethvert aspekt af vores liv. Bevidste mål valgt af den enkelte fokusperson påvirker også adfærden – og endnu mere, hvis målet er højt og specifikt. Faktisk påvirker et ubevidst mål kun adfærd, når det er på linje med fokuspersonens værdier og forudgående eksisterende mål.

I en organisatorisk ramme vil den største indflydelse på medarbejdernes adfærd være resultatet af et højt, specifikt, bevidst mål suppleret med et ubevidst mål, der er i overensstemmelse med det bevidste mål. Effekten af de to typer mål på performance forbedrer på den måde hinanden.

Ubevidste mål kan enten understøtte bevidste mål eller udligne dem, så det bliver elimineret. En undersøgelse af de ubevidste mål samtidigt med handlinger er derfor væsentlig. En tilslutning i accept og indflydelsen er et solidt fundament for et godt resultat med stillet mål og mål sat med indflydelse.

Er der sunde strategier med i implementeringsprocessen, hvor fokuspersonen føler sig ovenpå både fysisk og mentalt, øger vi tilslutningen (commitment og accept) til målet. Dette vil jeg komme ind på senere.

8.3. Sunde strategier

Sunde strategier er et centralt element i bæredygtig coaching, og der kan ikke være en god, vedvarende performance uden sunde strategier. Groft sagt handler det om trivsel for den enkelte fokusperson – men også for organisationen. Trivsel i organisationen handler også om, at fokuspersonens adfærd ikke strider imod det, der skaber trivsel på de andre niveauer.

Trivsel for den enkelte bliver balance både for hjernen og kroppen. Sunde strategier kan både skabe afkobling eller opladning undervejs, men kan også være en belønning for fokuspersonen. Sunde strategier kan udføres alene eller sammen med andre. Fokuspersoner kan for eksempel både gå en tur alene eller sammen med sine kollegaer.

Mange lever desværre i en hverdag og i en kompleks verden, som er for travl til, at folk kan overkomme at tænke over alle konsekvenser af deres valg og analysere alle deres muligheder, før de træffer et valg. Nogle valg foregår automatisk i System 1. Andre valg skal de tænke mere over i System 2.

Performance, læring og kreativitet kræver, at fokuspersonen har nok ressourcer i System 2 for enten at være produktiv, at lære et kompleks stof eller være kreativ.

Et overbelastet eller drænet system på individ, gruppe/team, afdeling eller organisationsniveau er ikke bæredygtigt. Vi er nødt til at forholde os til, om målsætningen overhovedet er bæredygtig, eller om den nedbryder systemet. Et overbelastet system eller et system med for mange målsætninger giver ikke vedvarende performance eller god trivsel. Derfor er sunde strategier et afgørende trin i modellen SUSTAIN-ABLE både i de første syv trin og i de sidste fire trin.

Ved hårde eller travle dage skal fokuspersonen være ekstra opmærksom på sunde strategier, fordi forskere også har fundet ud af, at hvis vi mangler ressourcer i System 2, så træffer vi dårligere beslutninger, end hvis vi havde overskud. Forskere fandt ud af, at sandsynligheden for en bedre afgørelse er større i begyndelsen af arbejdsdagen eller lige efter en frokostpause. Dette mønster er tydeligt i 95 procent

af beslutningsprocesserne. Forskningen viste, at sandsynlig-
heden for en bedre afgørelse falder støt fra ≈0,65 til næsten
nul og springer tilbage op til ≈0,65 efter en frokostpause.

Hvad betyder sunde strategier?

Sunde strategier kan defineres på mange måder:

Sove, sove ud, sove længe, pusterum, tage et pust, puste ud,
holde pause, hvilepause, hvileperiode, hvilestund, åndehul-
ler, spisepause, spisefrikvarter, frokostpause, middagspause,
fristund, gode afbrydelser, afbræk, hyggestund, hyggedag,
hyggetime, hyggeaften, slapperdag, tage en slapper, gøre
et stop undervejs, stansning, gøre ophold, strække benene,
sunde sig, sidde over, stå op i løbet af dagen, mindfulness,
motion, gåture, strand- eller skovture, osv.

Sunde strategier kan opdeles i passiv og aktiv hvile. Passiv
hvile er søvn eller at sidde roligt og betragte naturen. Aktiv
hvile er en mindful gåtur eller udstrækningsøvelser.

Jeg opdeler også sunde strategier i mental hvile, hvor hjer-
nen ikke bliver stimuleret. Dette vil jeg komme med forskel-
lige eksempler på senere.

Nogle hygger sig med familie og venner, andre hygger sig
ved at se serie alene. Definitionen er derfor afhængig af, hvad
den enkelte oplever som værende givende. Det afhænger af
den enkeltes behov.

Sunde strategier kan, som de mange synonymer viser, både ses i forhold til arbejdstiden og til fritiden. Kortere eller længere tid til sunde strategier bør også udforskes i den enkeltes situation. Det afhænger af fokuspersonens performance og behov.

Sunde strategier skal også hjælpe fokuspersonen med at holde sine evner oppe til at fungere i System 2. Det er vigtigt, at System 2 ikke er drænet, så benytter fokuspersonen ikke nok sunde strategier. Forskningen viser, at hvis vi ikke holder nok pauser, hvor vi får mulighed for at holde energiniveauet oppe, så kommer der en afvejning, og fokuspersonen risikerer at blive stresset.

Målsætning og stress kan være indbyrdes forbundet, når ressourcerne ikke er tilstrækkelige, og man ikke tager højde for det, der påvirker den enkeltes performance.

Et mål, der er opnåeligt, kan øge den subjektive oplevelse af velbefindende, men kan afføde dårlige beslutninger, fordi målet ikke var i fokuspersonens bedste interesse.

Det bliver derfor afgørende, at der er en god balance imellem performance på den ene side og sunde strategier på den anden side:

Performance   **Sunde strategier**

Vi er nødt til at kunne anvende hele skalaen mellem performance og sunde strategier for at kunne blive ved med at skabe resultater igen og igen.

Mål påvirker udholdenhed. Det blev påvist af forskere, hvor de testede fokuspersoner og den tid, de måtte bruge på en opgave. Fokuspersoner, der havde lov til at kontrollere den tid, de brugte på en opgave, forlængede deres udholdenhed. Et højt, specifikt performancemål øgede yderligere indsatsen.

Der er dog en afvejning i arbejde mellem tid og intensitet af indsatsen. Overfor et højt specifikt performancemål er det, som sagt, muligt at arbejde hurtigere og mere intenst i en kort periode eller arbejde langsommere og mindre intenst i en lang periode. Kræves det, at der arbejdes hurtigt og intens hele tiden, er der mulighed for, at det vil påvirke fokuspersonens performance og generelle sundhed negativt og herigennem øge muligheden for stress.

Søvn er et af de afgørende parametre for den generelle sundhed og noget, der er forsket rigtig meget i. Når vi ser på sammenhængene mellem søvn, er det nødvendigt at være opmærksom på, at et døgn kun har 24 timer. Derfor vil kortere eller længere søvn pr. døgn medføre, at vi har enten længere eller kortere tid til arbejde og/eller fritid. En lang arbejdsdag hænger sammen med øget sandsynlighed for kortere tid til søvn. En kort søvn er mellem 6-7 timer. En langsøvn er over 9 timer. En almindelig søvn ligger mellem 7-8 timer.

Arbejdslængden og søvn

En undersøgelse af 110.441 personer viser, at der er 40 procent større sandsynlighed for at sove maksimalt fem timer i forhold til syv timer om dagen, når vi arbejder mere end 40 timer om ugen, i forhold til, hvis vi arbejder 35 timer om ugen.

Forskere fandt også en sammenhæng, som svarer til, at der er 50 procent øget sandsynlighed for dem, der har en lang arbejdstid (50+ timer), sover mindre end 6,5 timers i hverdagene. Hvorimod dem, der sov mere end 8,5 timer på hverdage, havde en arbejdsuge på omkring 35 timer. Lange arbejdsdage giver både mindre søvn, men også mindre tid til andre sunde strategier.

Yderligere viste en undersøgelse, at der er en negativ sammenhæng mellem søvnlængde og arbejdstid, samt hvad fritiden bliver anvendt til. Undersøgelsen viste, at almindelig søvn (7-8 timer) hænger sammen med mere tid brugt på socialt samvær, afslapning og fritidsaktiviteter. Sunde strategier har derfor en betydning for længden af søvnen.

Undersøgelsen viste også, at søvn mellem 5,5 timer og 8,5 timer hænger sammen med mere tid brugt på fjernsynet. Vi kan derfor konkludere, at selvom det at se fjernsyn kan give en fysisk afslapning, så vil længden af fjernsynskiggeri have en negativ betydning for søvnen, da dem, der så meget fjernsyn, sov mindre. Det at være opmærksom på anvendt skærmtid er derfor nødvendigt.

Andre gavnlige effekter af søvn inkluderer, at immunforsvaret styrkes ved søvn. En enkelt nats søvnløshed gør ingen skade, men længere perioder med manglende eller begrænset søvn forringer immunforsvaret. Dette er blevet vist med forskellige eksperimentelle design, hvor man enten har udsat forsøgspersoner for total søvnmangel eller begrænset søvn i 4-10 dage. Generelt viser disse undersøgelser, at langvarig søvnmangel fører til en generel stigning i det, der skaber inflammatoriske tilstande. Selv en forholdsvis mild begrænsning af søvn fra otte til seks timer pr. nat i fem dage medfører et forhøjet niveau af inflammatorisk tilstand.

Høje krav og effekten af Indflydelse på søvn

SBU's (Statens Beredning för Medicinsk och Social Utvärdering) undersøgte sammenhængen mellem høje krav (f.eks. højt tempo eller krav om høj grad af opmærksomhed) og oplevelsen af kontrol i arbejdet (som indflydelse på arbejdsopgaver) i forhold til søvnproblemer. De konkluderede, at lav indflydelse medførte søvnproblemer. Sættes der et højt, specifikt performancemål eller svært, specifikt læringsmål, er det vigtigt, at fokuspersonen har indflydelse på arbejdsopgaverne. De efterfølgende undersøgelser forklarer hvorfor.

Sammenlagt indgik omkring 15.000 personer i undersøgelserne. Alle undersøgelserne viste en sammenhæng mellem høje krav i arbejdslivet og søvnproblemer.

Forskerne påviste, at de, der rapporterede høje krav i arbejdet, også oplevede flere søvnproblemer målt tre år senere.

Søvnproblemer blev her defineret som problemer med at falde i søvn, problemer med at vedholde søvnen samt ufrivillig opvågning tidligt om morgen.

En samlet metaanalyse viser, at der er 38 procent større risiko for at få søvnproblemer, hvis man har høje krav i arbejdet, og forskerne konkluderede, at det er veldokumenteret, at der er en sammenhæng mellem høje krav i arbejdet og søvnproblemer.

Dette er også undersøgt blandt vidensarbejdere, der arbejdede med undervisning, forskning og formidling. Forskerne fandt ud af, at personer uden søvnproblemer havde større risiko for at have søvnproblemer et år senere, hvis de havde mange deadlines allerede ved undersøgelsens start, og forskerne konkluderede, at mange deadlines førte til flere søvnproblemer.

En undersøgelse fandt også en direkte sammenhæng mellem indflydelse på beslutninger i arbejdsopgaver og reducering af dårlig søvnkvalitet. Var der derimod indflydelse på arbejdsopgaverne, så var der en forbedring i søvnen. (Se mere om indflydelse længere nede kapilet.)

Social støtte i arbejdet

Social støtte i arbejdet er den følelsesmæssige støtte og hjælp til løsning af arbejdsopgaver, som en medarbejder oplever fra kollegaer og leder.

Forskerne konkluderede på baggrund af undersøgelserne, at der var en sammenhæng mellem god social støtte i arbejdet og en lav forekomst af søvnproblemer. En undersøgelse viste også, at medarbejdere med lavere grad af social støtte ved starten af undersøgelsen havde omkring 60 procent større risiko for at udvikle søvnproblemer.

Aktiviteter eller pauser i arbejdstiden, der øger muligheden for social støtte, er derfor en god idé at prioritere, hvis vi vil øge sandsynligheden for god søvn.

Pauser i arbejdstiden

Der er kommet mere og mere forskning inden for området, og forskningen om, hvordan dommere laver bedre beslutninger i deres domme enten tidligt på dagen eller efter en frokostpause, har påvirket forskningen enormt, fordi forskere er begyndt at blive optaget af, hvad en god pause egentligt er. Hvordan skaber man en god pause, der genoplader os optimalt? Hvad gør det ved vores performance?

Forskerne fandt ud af, at fokuspersonens foretrukne pauseaktivitet giver flere ressourcer. Det betyder, at hvis vi foretrækker at gå en tur eller sidde og fortælle røverhistorier til en kollega, så giver det os flere efterfølgende ressourcer. Forskerne fandt også ud af, at en pause taget tidligere på arbejdsdagen havde en mere positiv effekt på at opfylde ressourcelageret end sent på arbejdsdagen. Den tid, der holdes pause i, har også en betydning. Enten kan vi holde få lange pauser eller flere korte pauser for at få opfyldt vores ressourcer og performe igen. Få korte pauser har en negativ påvirkning på at få ressourcerne opfyldt og påvirker derfor vores performance negativt. Forskerne fandt også ud af, at fokuspersonerne, der holdt de nødvendige pauser, havde mindre hovedpine, øjne- og lændesmerter samt generelt bedre helbred. Fokuspersonerne havde også højere arbejdsglæde (mindre følelsesmæssig udmattelse) og større tilknytning til deres arbejdsplads.

Pauser er en vigtig del af en sund arbejdsrytme, fordi de sikrer, at vi kan opretholde koncentrationen og genopbygge kroppens ressourcer både mentalt og fysisk. Når vi gør det, kan vi blive ved med at skabe vedvarende performance.

Pauser i naturen

Sammenhængen mellem stresshormonet kortisol og tiden, vi er i naturen, er blevet målt før og efter forsøget. Forskerne afslørede, at kun en tyveminutters naturoplevelse var nok til at reducere kortisolniveauet markant. Men hvis du bruger lidt mere tid på en naturoplevelse, 20 til 30 minutter, hvor du enten sidder eller går, så falder dit kortisolniveau med stor hastighed.

Hjernens påvirkning på performance

Der sker en øgning af kortisol, når vi har været presset i længere tid. Dette påvirker vores søvn, og på den måde kan det skabe en nedadgående spiral.

Sammenhængen mellem søvnlængde og mentale funktioner er undersøgt ved at følge ændringerne i søvnlængde igennem en årrække. Undersøgelsen viser, at et fald (fra seks, syv eller otte timer) var forbundet med lavere scorer på de fleste mentale funktioner såsom sprogforståelse og sprogbrug.

Der er mange gavnlige effekter af søvn, og den vigtigste er at vedligeholde hjernens performance. Det er bl.a. vist i talrige forsøg, at søvnmangel fører til nedsat hukommelse og svækket reaktionsevne. Selv en mindre søvnmangel (svarende til, hvad mange mennesker udsættes for dagligt) svækker hjernens performance målbart, og dette kan ikke indhentes af en weekend med ekstra søvn.

Tidligere nævnte jeg forskningen omkring System 1 og System 2, samt hvordan automatisk og kompleks tænkning påvirker behovet for pauser/hvile og bliver afgørende for vedvarende performance i System 2. I årenes løb har jeg opdaget, at mennesker ofte holder pauser i System 2, fordi det teknologiske samfund har udviklet sig så meget, at vi altid på den ene eller anden måde mentalt er i gang. Jeg vil derfor ridse op, hvad pauser eller hvile er i System 1 og System 2.

Skulle nogen være i tvivl, så er System 1 den bedste form for den mentale afkobling. Jeg vil understrege, at det er hjernes hvile, jeg fokuserer på. Jeg har rangeret den efter mentalanvendelse, således at de første er mindst mentalt krævende, og de sidste er mest mentalkrævende under System 1. I kolonnen i System 2 er kontrasten, som mange anvender. Med små ændringer kan vi skabe endnu bedre pauser, hvis vi anvender System 1, fordi vi får mere mental ro.

Pauserne i System 1 er baseret på min erfaring med mere end 17 års behandling af mennesker med stress, hvor jeg skulle finde aktiviteter, som de kunne anvende uden at opleve, at deres symptomer blev forværret. Det handler groft sagt om, at jo mindre mental belastning hjernen udsættes for, jo bedre er pausen. Det er vigtigt at fremhæve, at vi sagtens kan anvende pauserne i System 2, men vi også skal anvende pauserne i System 1. Pauserne i System 2 kræver blot flere mentale ressourcer end i System 1.

System 1: Pauser	System 2: Pauser
Sidde eller gå i naturen 20-30 minutter.	Sidde eller gå i naturen med en skærm.
Sidde eller ligge uden en skærm – se på naturen.	Sidde eller ligge med en skærm.
Høre afslappende musik uden aktivitet.	Høre musik i et højt tempo eller lydbog uden aktivitet.
Høre afslappende musik med aktivitet.	Høre musik i et højt tempo eller lydbog med aktivitet.

System 1: Pauser	System 2: Pauser
Læse underholdende blade.	Løse sudoku eller lægge puslespil.
Strikke eller hugge brænde.	Spille fysiske spil eller spil på computeren.
Se film eller serier, der er genkendelige eller lette at følge med i. F.eks. julefilm.	Se film eller serier, der er komplekse og kræver koncentration. F.eks. krimier.
Spille golf eller løbe en tur.	Spille holdsport.

Prøv at tænke over, hvordan du egentlig slapper af. Hvad gør du, når du slapper af? Generer du energi af din afslapning?

Fokuspersonerne, der ikke får mental hvile eller får mulighed for at lade deres ressourcer ordentligt op, vil i sidste ende øge deres risiko for at blive stresset.

Hvis det er nødvendigt, at fokuspersonen får mere viden, læring eller udvikling inden for sunde strategier, så kan dette gives igennem feedback og øvelser imellem sessionerne.

I visse tilfælde kan der opstilles et læringsmål til at anvende sunde strategier. Er dette tilfældet, så kan sunde strategier i SUSTAIN-ABLE modellen strækkes sig over 3-6 sessioner.

Oaser

Sunde strategier er af individuel betydning. Vi kan derfor udforske, hvad og hvilke sunde strategier der skal være i fokuspersonens oase. Der er eksempelvis stor forskel på, hvor meget hvile hver fokusperson har brug for, og det afhænger af den kontekst, fokuspersonen indgår i: Opgaven, målet, tiden, familien, fritid, osv.

De sunde strategier fungerer både som vægtstang imod overbelastning og som en del af at skabe vedvarende mentalt overskud til at få de bedste resultater, men også som en belønning hen til målet, som gør rejsen både god og behagelig.

Men selvom sunde strategier gør rejsen god og behagelig, kan det være udfordrende at udføre i en praktisk hverdag. Planlægningsintentionen fra adfærdsforskningen kan hjælpe fokuspersonen her – det handler om at få lagt det ind i hverdagen, så fokuspersonen har et godt billede af, hvad, hvornår og hvordan samt planlagt det enten alene eller med andre. Vil fokuspersonen gå en tur i frokostpausen, og det regner, så kræver det enten en paraply eller regntøj. Vil fokuspersonen træne efter arbejde eller deltage i et yogahold, så kræver det planlægning med ekstra tøj.

Selvom vi ved, at sunde strategier er gode for os, kan de være svære at udføre over tid. Adfærdsforskningen kan også hjælpe fokuspersonerne med at anvende flere sunde strategier i deres hverdag. Forskningen omkring Temptation

Bundling kan også hjælpe her, fordi når fokuspersoner kombinerer to ting, som de på den ene side har svært ved at gøre, sammen med noget, som de elsker, så har de lettere til at gennemføre det. Det kan være at se film, imens de løber, eller høre behageligt musik, imens de går en tur, eller får fodmassage, imens de slapper af. Mulighederne er mange, og det er kun fantasien, der sætter begrænsninger.

Adfærdsforskningen kan også hjælpe os med at aktivere sunde strategier, hvis vi f.eks. ønsker at løbe mere, men oftest strander på sofaen – så kan vi, når vi kommer hjem, tage løbetøjet på. Det igangsætter vanen om, at vi skal løbe, hvorfor det er lettere at komme af sted. Når hjernen får et stikord (løbetøj), igangsætter den vanen (løb), som efter turen giver os en belønning af øget velvære.

Fokuspersonens oase

Vi skal udforske, hvad der er i fokuspersonens oase. Det skal være en oase, som der dagligt, ugeligt, månedligt og en gang i kvartalet bliver anvendt på en eller anden måde. Hvad kan du gøre dagligt, ugentligt, månedligt, en gang i kvartalet? Er der lette, sunde strategier? Hvad gør dig godt, glad og generer energi?

Hvad skal minde dig om, at du skal gøre x? Hvad skal du så gøre? Hvorfor er det godt for dig? Hvordan vil det føles? Sig noget mere ... Hvad ellers?

På den måde får vi sunde strategier lagt ind i den bæredygtige handleplan, som jeg vil vende tilbage til.

8.4. Tjek målet, muligheder og handlinger samt de sunde strategier

Den bæredygtige handleplan er din 10'er, som får fokuspersonen i mål. Jeg har i den bæredygtige handleplan koblet KPI med en KBI, som anvendes udelukkende i organisationer til god eksekvering, der kan måles på bundlinjen. KBI supplerer KPI med den særlige, ønskede adfærd, da det ikke kun er høj performance, men bæredygtighed i adfærd (generel trivsel), der ønskes.

Tjektrinnet er sammen med udforskningstrinnet designet til at skabe en optimal bæredygtig handleplan. Jo bedre design, jo bedre eksekvering.

Tjektrinnet er også ekstra opmærksomhed og refleksion for at sikre, at der er balance og overensstemmelse mellem målet og de sunde strategier samt udformning af en knivskarp beregning i forhold til handleplanen. Tjektrinnet er ligeledes her, at hele handleplanen rigtig tager form og går fra at være udforskende til at blive en specifik og konkret bæredygtig handleplan.

Fra adfærdsdesign kan jeg fremhæve, at den første indskydelse ligger i System 1 og kaldes vores intuition. Det er dog ikke altid, at vi kan forvente, at det er den bedste beslutning.

Vi skal ikke have fokuspersonens automatrespons, vi skal have fokuspersonens analyse, inden fokuspersonen anvender sin intuition – hvis vi forsinker beslutningstiden, så træffer vi bedre beslutninger. Jeg plejer at kalde denne strategi "på kort og på lang sigt".

Spørg dig selv: "Er x en god beslutning på kort sigt? Er x en god beslutning på lang sigt?" Kan du svare ja til begge dele, så er det en god beslutning.

Dette spørgsmål har jeg stillet i tusindvis af coaching sessioner. Det får alle til at stoppe op og analysere deres automatrespons og træffe bedre samt mere velovervejede beslutninger.

Lad mig komme med ét af mine yndlingseksempler. Er det en god beslutning at ikke at holde pause på kort sigt? JA, jeg har travlt. Er det en god beslutning på lang sigt ikke at holde pause? NEJ.

Der er også bare ting, som er en dårlig beslutning på kort sigt, men som mange gør alligevel. Lad mig komme med nogle flere eksempler. Er det en god beslutning at råbe ad dine medarbejdere? Er det en god beslutning at komme med seksuelle bemærkninger til din kollega eller medarbejdere? Er det en god beslutning at give dine medarbejdere flere opgaver, selvom de er booket til bristepunktet? Nu vil du sikkert sidde og tænke NEJ. Men det sker alligevel hver dag. Hvorfor?

Fordi man kan blive grebet af situationen og stemningen, men hvis vi stopper op og spørger os selv, om det er en god beslutning på lang sigt, så vil vi se på konsekvenserne af den handling, vi er i gang med, og stoppe.

Jeg har lagt tjek ind, så vi undgår automatresponsen eller automatisk adfærd. Vi går efter adfærd, der er gennemtænkt og dobbelttjekket. Tjek er vores kalibreringspause, hvor vi tager et mindfuldt perspektiv: I en metaposition, hvor vi fanger de hurtige indskydelser og får tjekket det godt igennem til en bæredygtig handleplan. Hvis du sidder og tænker, at det tager længere tid, så vil jeg sige nej. Det vil tage længere tid, hvis du ikke gennemtænker din plan inden, du udfører den, og i sidste ende når du ikke i mål, og så frafalder det bæredygtige element. Brug hellere lidt tid her, så din handleplan kører bæredygtigt, det betaler sig i den sidste ende.

I udformningen af den bæredygtige handleplan skal vi væk fra Pavlovs hunde. De er trænet til at reagere instinktivt på en respons og have fokuspersonen til at indsætte en kalibreringspause.

Vi skal væk fra:

Stimuli ⟶ respons

til:

Stimuli ⟶ kalibreringspause ⟶ respons

Det er i udformningen, vi skal anvende kalibreringspausen til at udvikle den bedste bæredygtige handleplan.

Er der uoverensstemmelse mellem det, fokuspersonen gerne vil opnå, mulighederne, fordi fokuspersonen mangler kompetencer, eller målet er i strid med egne værdier eller med organisationens mål, eller hvis der ikke kan bevares en god balance, så skal der laves justeringer.

Målet skal ikke være i konflikt med egne værdier, kollegaers, teammedlemmers, afdelingens eller organisationens mål.

Forskningen viser, at hvis der skabes en konflikt mellem egne og andres (kollegaers, teamets, organisationens) mål, så kan det medføre hæmning af handlinger eller øge muligheden for, at fokuspersonen vælger sine egne mål, som i sidste ende påvirker de organisatoriske mål negativt. Forskningen viser også, at de organisationer, som opstillede mål for fokuspersoner, der stemmer overens med kollegaers, teamets eller organisationens mål, havde en mere samarbejdende kultur og satte efter samlede stræbende mål med gensidige fordele. Dette er også i overensstemmelse med anbefalingerne, når vi arbejder med en KPI koblet med KBI. Disse virker bedst på bundlinjen, når de individuelle mål stemmer overens med teamets/gruppens, afdelingens og i sidste ende organisationens ditto.

Coachen har et ansvar i, at bæredygtig coaching ikke bliver livsfarligt. En bæredygtig handleplan er så detaljeret som muligt. Det handler om at skabe en planlægningsintention, som gør det lettere for fokuspersonen at udføre adfærden (handlingen) i praksis.

Det at have en nødrespons har jeg valgt at kalde "Hvis jeg falder af hesten, hvad gør jeg så?" Modsat udformningen af den bæredygtige handleplan, så ønsker vi faktisk en automatrespons, fordi vi skal hurtigt op på hesten igen, så vi forsætter udførelsen af den bæredygtige handleplan. Pavlovs hunde fik stød, hvorefter de hoppede. Det er den samme reaktion, vi ønsker her. Fokuspersonen skal være helt klar over, hvad der skal gøres, hvis der er tilbagegang, ændringer i planerne, sygdom osv. Vi ønsker at opnå en forberedelse til, hvad fokuspersonen gør i disse tilfælde. Det afhænger selvfølgelig igen af målsætningen og konteksten.

Det er ikke det samme som en plan B. En plan B er overhovedet ikke ønskværdig i denne sammenhæng.

Tidsperspektivet skal tjekkes. SCRUM er en produktionsmetode, der har et DOD (Definition of Done), som betyder: Hvornår opfylder produktet de kriterier, der er opstillet for det? Vi taler om, hvornår noget er færdigt, så det ikke fortsætter i en lang uendelighed. Vi kan tale med fokus på en definition af "hvornår er vi i mål".

Små skridt skal tjekkes. Forskningen omkring fremskridt kaldes også progressionsprincippet og viser, at fremskridt kan opløfte emotioner, motivation og perception i løbet af en dag. Fremskridt er afgørende og betyder: Hvis fokuspersonerne har opnået et lille skridt eller fremskridt hver dag (small "wins"), så føler og performer de bedre efterfølgende. Bagsiden er, at små tab eller tilbageslag har den modsatte effekt. Er der tilbageslag, kan vi igennem løbende feedback skabe opmærksomhed på og refleksion omkring, hvad fokuspersonens arbejde bidrager med, og hvilke fremskridt de har opnået tidligere.

Hvad kan fokuspersonen gøre dagligt? Det er progressionsprincippet – også selvom det er et lille skridt, så vil små skridt føre til store forandringer.

Tjek er også designet til at tage højde for ubeviste mål, hvorfor vi skal spørge: "Er der noget, du drømmer om, der skal være anderledes? Hvis du havde frit valg, hvad ville du så ændre?"

Tjek også her: Vi skal spørge ind til, om det er muligt for fokuspersonen, hvor vi tager højde for optimal balance mellem performance og sunde strategier. Er der balance?

Den bæredygtige handleplan

Mål?	
Indsats (Adfærd)	
Hvornår? (Tid: start og slut)	
Hvem? (Ansvarlig)	
Sunde strategier	

Hvis jeg falder af hesten, hvad gør jeg så?
Løbende feedback – til hvem og på hvad? Fra hvem?
Hvor ofte skal der måles på fremskridtene?

Til fokuspersonens egen progression:

<table>
<tr><td>Hvilke små fremskridt har jeg nået i dag?</td></tr>
<tr><td>Hvilke handlinger skal jeg foretage mig i morgen?</td></tr>
</table>

Jeg har i den sammenhæng opstillet forskellige cases, hvor du kan læse lidt om, hvordan jeg har anvendt den bæredygtige handleplan i praksis.

Jeg opstiller tre cases inden for performancemål/læringsmål med stillet, stillet med indflydelse og selvsatte mål.

Baggrund for case 1

Der er kommet krav om behandlingsplaner på alle borgere. Det har været svært at indføre i praksis. Jeg har coachingmøde med lederen, den faglige leder og AMR (arbejdsmiljøgruppen).

Medarbejderne får ikke lavet behandlingsplanerne. Det har været på dagsorden på mange personalemøder, men det bliver ikke udført i praksis. De ønsker et performancemål. Ved udspørgen er vi ikke sikre på, at alle kan udføre opgaven, så vi ændrer det til et læringsmål. De bliver ligeledes opmærksomme på, at alle måske ikke har accepteret målet, og den faglige leder skal være opmærksom på dette i opfølgningerne, hvor medarbejderne har mulighed for at få personlig indflydelse på løsningen af opgaven.

Vi laver den bæredygtige handleplan, og medarbejderrepræsentanterne får alle deres inputs med. Undervejs inviterer jeg dem ud af coaching i metaposition, og vi tager murder board, og vi fjerner alt det, der ikke er nødvendigt, også for at gøre indsatsen lettere.

Vi taler om at fremlægge den bæredygtige handleplan, og om der kan skabes accept af målet, samt hvad de kan have indflydelse på. Dette skal konkret gennemgås med den faglige leder, som står for den individuelle opfølgning.

Den bæredygtige handleplan:

Mål?	Behandlingsplaner på alle borgere – 100 %. Nedskrevet konkrete skridt. (Lovgivning: Konkrete behandlingsplaner på alle borgere).
Indsats (Adfærd)	Følge de stillede spørgsmål under hvert punkt i behandlingsplanen. Lytte til borgerens ønsker. Dialog med borgeren omkring behandlingen.
Hvornår? (Tid: start og slut)	Udfyldes under de første to samtaler på behandlingsstedet. **Slut:** Når den er udfyldt og godkendt af borgeren. Lægges først nu i borgerens mappe.
Hvem? (Ansvarlig)	Hver kontaktperson sammen med borgerne.
Sunde strategier	Planlægnings-elastik. Hvis det ikke kan udføres, laves et opfølgende møde. Holde pauser undervejs. Opfølgning med faglig leder, der hjælper ved udfordringer og understøtter den enkelte medarbejder.

AMR beslutter:

> **Hvis jeg falder af hesten, hvad gør jeg så?**
>
> Vi kan opsøge sparing hos W (den faglige leder), som hjælper og støtter os i læringsprocessen.

> **Løbende feedback – til hvem og på hvad? Fra hvem?**
>
> Den faglig leder giver den enkelte feedback på handleplanerne.

> **Hvor ofte skal der måles på fremskridtene?**
>
> Hver måned.

Tilbagemelding fra en medarbejder:

> **Hvilke små fremskridt har jeg nået i dag?**
>
> Jeg har udført behandlingsplanen med x, som i mellemtiden selv har arbejdet med de konkrete handlinger. Det gav mig energi til at arbejde videre med behandlingsplanerne, fordi borgeren selv tog ejerskab.

> **Hvilke handlinger skal jeg foretage mig i morgen?**
>
> Jeg vil give borgerne behandlingsplanen med hjem, så de selv har mulighed for at arbejde med planen.

I casen ser vi, at medarbejderne selv begyndte aktivt at arbejde med redskabet "behandlingsplanerne".
Den faglige leder står for opfølgning af ABLE, det vil jeg vende tilbage til.

Et andet eksempel på en bæredygtig handleplan er nedbringelsen af rygrelaterede arbejdsskader.

Baggrund for case 2

Jeg har et møde med lederen og AMR-gruppen. De repræsenterer en afdeling på en større produktionsvirksomhed. Målet bliver stillet med indflydelse fra ARM-gruppen. De ønsker et performancemål, men igennem udspørgen finder vi ud af, at de først skal lære at løfte korrekt, så det bliver i starten et læringsmål.

Når medarbejderne har lært at løfte ergonomisk korrekt, så ændres målet sig til et performancemål.

Som jeg gennemgik i kapitlet om positiv psykologi, så opnår vi højere performance ved positiv framing. Vi kalder derfor det overordnet mål "Arbejdsdage i sikkerhed". For at signalere et fokus på arbejdsskader/arbejdsulykker/godt arbejdsmiljø er det vigtigt. De fleste anmeldte arbejdsskader er rygrelateret, så vi har fokus på dette i den bæredygtige handleplan.

Mål?	Arbejdsdage i sikkerhed: Lækre løft 85 procent af tiden.
Indsats (Adfærd)	Løft af enheder: Lækre løft gennemgås ved næste p-møde. Enhederne gøres mindre (maks. 25 kg). Lækre løft over 25 kg udføres med løftemaskine.

Hvornår? (Tid: start og slut)	Alle arbejdsdage, hele dagen. **Slut:** Når du har gennemført dagen i sikkerhed igennem lækre løft.
Hvem? (Ansvarlig)	Lækre løft udføres af alle medarbejderne på lageret. Indkøb, kontakter, leverandør og får flere mindre pakker. Driftslederen måler på effektivitet, efter pakkerne er blevet mindre.
Sunde strategier	**Fokus:** Tale om lækre løft til kolleager. Fremhæve lækre løft. **Motion:** Fokus på rygøvelser (forebyggende). **Fysisk hvile:** Sidde/ligge i personaleområder (alene eller sammen med kollegaer). Gåture i pauser.

Hvis jeg falder af hesten, hvad gør jeg så? Ved automatisk respons – så går jeg tilbage til lækre løft.
Løbende feedback – til hvem og på hvad? Fra hvem? Driftslederen giver den enkelte positiv feedback på lækre løft ugentligt.
Hvor ofte skal der måles på fremskridtene? Hver måned.

Under coachingen kommer jeg gerne med positive formuleringer til deres udfordringer, fordi det kan være vanskeligt for fokuspersonerne at vende deres udfordringer om til positive formuleringer.

Tilbagemelding fra en medarbejder:

Hvilke små fremskridt har jeg nået i dag? Lækre løft omkring 80 % af gangene.
Hvilke handlinger skal jeg foretage mig i morgen? Tænke lækre løft, når jeg flytter enheder. Jeg har fundet et mantra: Lækre larver laver lækre løft. Tale med mine kollegaer om lækre løft. **Målet er lækre løft 100 %.**

Dette er et glimrende eksempel på, at et stillet mål er blevet til et selvsat, hvor fokuspersonen selv opstiller yderligere mål for ham selv og finder understøttende effekter, der hjælper ham.

Jeg er selv ret pjattet med ordvendingen lækre løft – hende, der fandt på den, hun må være ret genial.

Et andet eksempel på en bæredygtig handleplan er et økonomisk overskud som sidste år. Direktøren valgte mig, fordi han havde døjet med stresssymptomer, og han havde læst om bæredygtig coaching på min hjemmeside. Han var i tvivl, om han skulle fortsætte som direktør, fordi han ikke syntes, han havde det godt.

Han havde heldigvis ikke så alvorlige stresssymptomer, at han skulle sygemeldes, så vi kunne sagtens iværksætte en bæredygtig handleplan.

Baggrund for case 3

Denne direktør starter i coaching, ligesom Covid-19 er gået i gang. Han driver en produktionsvirksomhed og har ansvaret for salg. Undervejs i hans coachingforløb er vi lidt udfordret, fordi flere af hans aftagere har lukket. I praksis har vi arbejdet mere detaljeret med flere punkter. Jeg vælger her at opstille de overordnede punkter. Vi skifter mellem performancemål og læringsmål undervejs. Coachingen foregik over et år, og vi mødtes 14 gange i alt.

Mål?	100 % overskud.
Indsats (Adfærd)	Produktion. Ledelse af medarbejdere. Løbende positiv feedback til medarbejderne. Stå til rådighed, hvis de har brug for noget i produktionen. Lave overordnede produktionsplaner og gøre det mere detaljeret på kortere sigt, så de kan ændres med kort varsel. **Salg.** Kontakte alle kunder, der har åbent. Afgøre efterspørgsel. Kontakte kunder, der har lukket, og informere om muligheden for levering, når de åbner, og om længere betalingsfrister.

Hvornår? (Tid: start og slut)	Mandag til fredag fra 7-17. Slut: Når regnskabsåret slutter.
Hvem? (Ansvarlig)	Mig.
Sunde strategier	På arbejde: Nyde arbejdsdagen, så hovedet kan få en pause indimellem (veksle mellem System 1 og 2). Holde fri, når jeg har fri. Naturoplevelser. Motion – gå og løb. Ro alene. Træne mindfulness.

Hvis jeg falder af hesten, hvad gør jeg så?

Går tilbage til den bæredygtige handleplan. Ved store udfordringer booker jeg en coaching.

Løbende feedback – til hvem og på hvad? Fra hvem?

Coachen giver løbende feedback på progressionen. Coachen hjælper med udfordringer. Revisoren giver feedback på tallene hver 3. måned.

Hvor ofte skal der måles på fremskridtene?

1-2 gange om måneden, sammen med coachen.

Tilbagemelding fra direktøren undervejs:

Hvilke små fremskridt har jeg nået i dag?

Vi har produceret 120 procent. Jeg har fundet nye salgsveje, og transporten er bestilt.

Jeg har fået første tilbagemelding fra revisoren – vi ligger 50 procent over målet fra sidste år.

Hvilke handlinger skal jeg foretage mig i morgen?

Jeg skal kontakte x med henblik på y.

Jeg skal tale med medarbejder z om ø.

Da året var omme, havde direktøren 220-procents økonomisk overskud, og han havde aldrig haft det bedre.

8.5. Accept

Undersøgelser omkring performance viste sig at være afgørende for, om personerne blev ved med at performe, hvis de havde accepteret målet. Hvad er så definitionen på accept?

> *"Accept kan betragtes, som en særlig form for forpligtelse til noget eller nogen."*
>
> – Locke, E. A. and Latham, G. P. (2017) S. 83.

Accept og indflydelse (se mere i næste afsnit om indflydelse) er vigtig i forhold til ubevidste mål, som kan eliminere bevidste mål. Derfor er udspørgen ved stillet mål og mål sat med indflydelse afgørende.

Accept af målet og handleplanen

Groft sagt afhænger det af, om fokuspersonen kan acceptere målet. Er det et nej til accept af målet, så er det en ommer. Er det et ja, så handler det om, i hvor høj grad der er tale om accept. Og om accepten kan øges igennem indflydelse på handleplanen. (Læs mere i næste afsnit.)

Manglende accept kan både blokere – bevidst eller ubevidst – for enhver form for performance, kreativitet eller læring.

Accept ses i en handling. Det er vigtigt at spørge uddybende ind til accept, især hvis målet er stillet af lederen, organisationen eller af teamet. Er der ikke accept, vil det fremkomme som negative følelser, dårlige undskyldninger eller modarbejdende handlinger over tid. Vi vil derfor spare en masse tid og bøvl, hvis vi får accept og arbejder med accept fra starten.

I daglige coachinger har jeg set mange fokuspersoner, der siger, at de har accepteret det, men som alligevel ved udspørgning fortæller, at de blev vrede eller kede af det, når de talte om målet eller handlingerne. Der er en positiv sammenhæng mellem performance og accept af målet og en sammenhæng mellem lav performance og afvisning af målet.

Forskere har undersøgt denne sammenhæng mellem accept i høj, medium og lav grad samt afvisning. De fandt en lineær (direkte) sammenhæng mellem accept og performance. Jo højere accept, jo højere performance. Selv umulige mål øger ved accept performance.

Forskerne konkluderer, at accept af målet bør undersøges inden en ønsket performance.

Fokuspersonerne blev bedt om at vurdere deres grad af accept.

Dem med hel eller høj accept performede bedst. Ifølge Eraz underbygger hendes undersøgelse Locke og Lathams undersøgelser, fordi de også fremhæver accept som en faktor, der er afgørende, når der sættes mål.

Jeg opdeler hel accept og hel afvisning på denne skala:

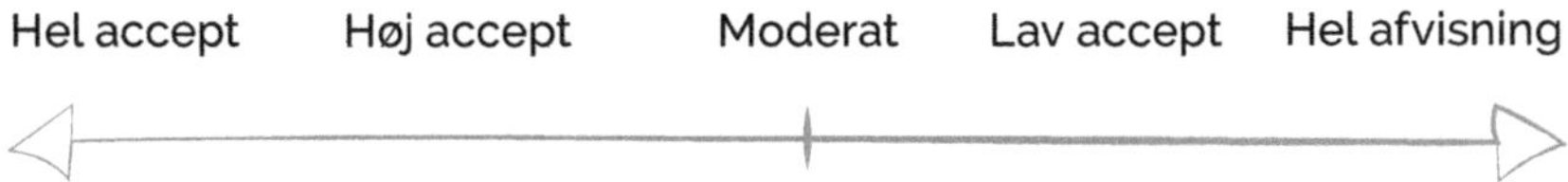

Er målet stillet af lederen, organisationen eller teamet, er det væsentligt at lave en grundig udspørgen. Kan der eventuelt skabes en form for indflydelse, vil det kunne medføre accept og tilslutning.

Kan der slet ikke skabes accept og/eller opleves det, at der ikke er indflydelse på arbejdsopgaverne, så er det ikke bæredygtigt, og målet skal ændres, fordi performance vil falde, og ingen når helt eller optimalt i mål.

Vi kan spørge om:

— Hvilken grad af accept har du?
— Kan der igennem hel accept, høj accept, medium accept skabes commitment til målet?

Disse spørgsmål bør stilles, hvis målet er sat.

— Skal målet måske justeres med indflydelse, hvis der ikke kan skabes accept?

Det fanger vi her.

Commitment er mere et inkluderet udtryk end accept, idet det henviser til dem, der er knyttet til eller har vilje til at nå målet uanset dets kilde, uanset om det er et stillet mål, mål stillet med indflydelse eller selvsat mål. Det vil sige, når vi har accept over moderat grad, har vi en grad af commitment.

Accept og commitment

Mål fungerer ikke som tilsigtet uden commitment. Men hvad er definitionen på commitment?

Det er et frivilligt psykologisk bånd, der afspejler dedikationen til og ansvar for et bestemt mål.

Et psykologisk bånd som commitment kan ændre sig, hvis omstændighederne eller fokuspersonens oplevelser ændrer sig. Eksempel: Hvis lederen ændrer adfærd, fordi han er stresset, vil det kunne medføre, at han ikke er så rummelig eller taler mere spydigt, når medarbejderne beder om hjælp til koordinering eller løsning af en opgave. Det vil påvirke det psykologiske bånd både i forhold til en forandring eller en opgave, hvorfor commitment vil falde. Det vil kunne ske både bevidst og ubevidst samt ville være utrolig svært at opfange, når det sker, fordi det er først, når der ikke længere er commitment, at det bliver tydeligt.

Mål-commitment er stærkest, når fokuspersonerne er engageret i deres mål. Engagement er mest vigtigt og relevant, når målet er svært. Der er to hovedkategorier i facilitering af målengagement:

1. Faktorer, der gør målopnåelsen vigtig for fokus-
   personerne – inklusiv det forventede resultat.
2. Deres tro på, at de kan opnå målet (self-
   efficacy).

Ved stillet mål eller mål med indflydelse er det væsentligt, at lederen fremhæver, hvorfor målet er vigtigt, og hvordan ledelsen er kommet frem til målet.

Et svært mål kan medføre lav commitment, medmindre fokuspersonerne har de nødvendige ressourcer, og de er i stand til at opnå målet, eller de har hel accept.

Commitment har undertiden en vigtig effekt på performance, skønt det sandsynligvis er mest vigtigt, når der tildeles svære mål. De selvsatte mål er ofte mål, som fokuspersonen allerede er committet til. Vær dog opmærksom på, at hel accept gør, at stillet mål kan blive til selvsat mål.

Forskere undersøgte også sammenhængen mellem læringsmål og commitment på performance i udførelsen af en kompleks opgave. Sammenhængen mellem commitment i læringsmål og performance var signifikant. Commitment har så at sige en afgørende betydning og påvirker både læringsmålet og performance. De fandt også ud af, at øgningen i performance havde en positiv effekt på både self-efficacy og commitment på læringsmålet.

Det viste sig også, at modsætning mellem self-efficacy og commitment faciliterer den efterfølgende performance. Forskerne fandt ud af, at 75 procent af fokuspersonerne selvsatte et performancemål, selvom de havde committet sig til et læringsmål. Analysen påviste, at den selvsatte performancemål var en væsentlig forudsætning for performance. På den måde påviste de, at commitment, performance, læringsmål og self-efficacy påvirkede hinanden indbyrdes i en opadgående spiral. Hele 75 procent satte selv yderligere performancemål, som så pressede den opadgående spiral endnu højere op.

Så med accept kommer commitment, som bliver en opadgående spiral fra stillet mål til selvsatte mål.

8.6. Indflydelse på opgaverne og implementering

Forskningen viste, at de fokuspersoner, der deltog i at formulere opgavestrategier (f.eks. hvordan, hvad, hvem, osv.), performede signifikant bedre og havde højere self-efficacy end dem, der ikke deltog i formuleringen af opgavestrategier.

Indflydelsestrinnet bliver især afgørende, hvis målet er stillet, eller målet bliver stillet med indflydelse, fordi det er en dialog omkring udførelsen af arbejdsopgaverne, der giver en højere performance.

Hvis målet er helt fast, så kan vi afsøge, om der er indflydelse på udførelsen af arbejdsopgaverne og indsatsen i forhold til arbejdsopgaverne. Husk også, at hvis der slet ikke er mulighed for indflydelse på arbejdsopgaverne, vil det kunne påvirke fokuspersonens søvn, og vi kan risikere, at der øges en sandsynlighed for dårligere funktion i System 2, flere sygedage, lav performance og i værste fald en stresssygemelding. Dette trin er derfor ikke noget, vi skal springe over.

Undersøgelser viste, at indflydelse på opgaverne – og herved indirekte på målet – var helt afgørende for, at personerne ville performe optimalt.

Forskere testede det høje, specifikke mål, og fandt ud af, at accept og fokuspersonernes indflydelse havde en afgørende betydning for deres performance. Konkret ville de have, at en gruppe chaufører skulle laste deres lastbiler fra 60 procent til 94 procent, altså en stigning på 34 procent. Chauførerne accepterede målet. Den første måned stiger deres lastning til 80 procent, men lige pludselig falder lastning til 70 procent. Lederne og forskerne gør ingenting, de lader chauførerne fortsætte. Efter en måned uden sanktioner imod chauførerne stiger deres performance igen til hele 94 procent og svinger efterfølgende mellem 90-94 procent. Forskerne interviewede chaufførerne efter forsøget. Det viste sig, at chaufførerne ville teste, om de ville blive straffet, hvis de ikke performede. Da lederne ikke straffede medarbejderne, steg deres performance igen. Forskerne konkluderede, at den indflydelse, fokuspersonerne havde på udførelsen af arbejdsopgaverne og på det stillede mål, som de havde accepteret, var altafgørende.

Forskere fandt også en direkte sammenhæng mellem indflydelse på arbejdsopgaver og reducering af dårlig selvvurderet søvnkvalitet. Var der indflydelse på arbejdsopgaverne, så var der en forbedring i søvnen.

Forskerne vurderer igen, at der er videnskabeligt belæg for sammenhængen mellem høj grad af kontrol (som indflydelse på arbejdsopgaver) i arbejdet og lav forekomst af søvnproblemer, og at, hvis man får mindre kontrol (som indflydelse på arbejdsopgaver) i arbejdet, får man flere søvnproblemer.

Indflydelse på målet falder tilbage på accept. Har du haft indflydelse på noget, som du ikke var helt enig i eller synes, var en dårlig idé, så får indflydelse og accept en afgørende betydning på den efterfølgende performance, læring og kreativitet.

Spørgsmål til at skabe mere indflydelse og understøtte målet er:

- Hvad kan du lide?
- Hvad vil du gerne tilføje?
- Hvad vil du gerne fjerne?

Når fokuspersonen giver feedback, så er det vigtigt at tage konstruktivt imod det for at skabe en god dialog omkring, hvordan målet eller arbejdsopgaverne kunne udformes. Vælger lederen at overse eller undlade denne del, fordi målet og arbejdsopgaverne samt indsatsen er helt fast, kan man med stor sandsynlighed forvente, at fokuspersonerne ikke nødvendigvis understøtter det, som lederen ønsker, og de derfor ikke kommer i mål på den ønskede facon – hvis de overhovedet kommer i mål.

Det ses tit i organisationer, der har ændret på strukturer, systemer, afdelinger, teams, opgaver, osv., at de har glemt elementet indflydelse, og adskillige år efter er de stadigvæk ikke kommet i mål. Indflydelse er sammen med accept et bærende element i at skabe performance, læring og kreativitet samt ændringer af enhver art.

Nogle gange kan det virke, som om alle er med, fordi der er en masse positiv energi i rummet, men bæredygtig coaching og modellen SUSTAIN-ABLE handler også om, at sikringen af handleplanen er bæredygtig og faktisk skaber resultater. Derfor bliver det at udspørge og at finde løsninger på sunde strategier, accept og indflydelse helt centralt.

8.7. Nyd rejsen og skab mening

Forskningen inden for positiv psykologi viser, at hvis fokuspersonerne, der har en positiv indstilling koblet med positive følelser omkring det, de skal udføre, så er de mere positive og vedholdende i deres aktivitetsniveau over ét år efter. Det betyder, at vi skal være opmærksomme på at få tydeliggjort den positive indstilling og få fremhævet de positive følelser, som der er koblet op på den bæredygtige handleplan i SUSTAIN-ABLE.

Fokus i dette trin bliver derfor at udforske, hvad fokuspersonen skal gøre og tænke for at kunne nyde rejsen. Dette trin er i tråd med oaser. Men er anderledes end de sunde strategier. Dette trin omhandler nemlig, hvilke positive følelser der udspringer sig af den bæredygtige handleplan, og hvilke handlinger fokuspersonen skal bevare eller tilføre for at fastholde de positive følelser. Dette er med til at udforske og fastholde en positiv spiral, som fokuspersonen selv kan opretholde. Disse spørgsmål kan hjælpe fokuspersonen med at udforske denne vinkel:

- Hvordan nyder du rejsen?
- Hvilke positive følelser har du?
- Hvordan bevarer du dem?
    - Hvad skal du tænke?
    - Hvad skal du gøre?
- Hvad skal du være opmærksom på ved fremskridt?

Den endelige bæredygtige handleplan:

Mål?	
Indsats (Adfærd)	
Hvornår? (Tid: start og slut)	

Hvem? (Ansvarlig)	
Sunde strategier	

Hvad skal der til, for at jeg bliver ved med at nyde rejsen?
Hvis jeg falder af hesten, hvad gør jeg så?
Løbende feedback – til hvem og på hvad? Fra hvem?
Hvor ofte skal der måles på fremskridtene?

Til fokuspersonens egen progression:

Hvilke små fremskridt har jeg nået i dag?
Hvilke handlinger skal jeg foretage mig i morgen?

Case 1

AMR svarer:

> **Hvad skal der til, for at jeg bliver ved med at nyde rejsen?**
>
> Vi skal have det godt ved at gå på arbejde.

Vi aftaler også, at den faglige leder skal spørge specifikt hver medarbejder. Deres svar skal noteres i de personlige bæredygtige handleplaner.

Tilbagemelding fra en medarbejder:

> **Hvad skal der til, for at jeg bliver ved med at nyde rejsen?**
>
> Når min indstilling er, at jeg skal nyde rejsen i mit arbejde, så åbner der sig en masse muligheder. Jeg ser, at jeg nyder rejsen, når jeg har fem minutters pauser med mine kollegaer, hvor vi både kan sparre med hinanden om behandlingsplanerne, men også grine. Det sammenhold har givet mig tanken om, at jeg faktisk er glad for at gå på arbejde. Jeg har også indset, at jeg ikke behøver at stresse, og jeg faktisk når mere, når jeg har et overblik.

Case 2

Tilbagemelding fra en medarbejder:

Hvad skal der til, for at jeg bliver ved med at nyde rejsen?

Når jeg må nyde rejsen, lave lækre løft, så har jeg mere overskud. Jeg tænker, at det er dejligt at møde på arbejde, og jeg smiler mere. Jeg har lagt mærke til, at stemingen er bedre, og vi hjælper hinanden mere.

Tilbagemelding fra AMR:
Det var ligesom om, at vi slet ikke kunne stoppe med at sige "lækre løft", og det sneg sig ind alle steder.

Dette er for en organisationspsykolog et godt tegn på motivation.

Case 3

Tilbagemelding fra direktøren:

Hvad skal der til, for at jeg bliver ved med at nyde rejsen?

Min indstilling er, at jeg skal nyde rejsen, det betyder meget for mig.

Når jeg holder jævnlige pauser, så nyder jeg min arbejdsdag mere. Jeg har et billede foran mig, som minder mig om, at jeg skal nyde mit arbejde.

8.8. SUSTAIN

Fidusen er ikke altid at anvende SUSTAIN slavisk, fordi vi ved selvsatte mål kommer hurtigere videre ved accept og indflydelse end ved stillet mål samt stillet mål med indflydelse, men at bruge modellen til at huske på at afbalancere det, der skaber vedvarende bæredygtige resultater. SUSTAIN er første fase af bæredygtig coaching. ABLE er anden fase.

ABLE skal ses som en opfølgning på SUSTAIN. I næste afsnit vil jeg uddybe de sidste fire trin.

09

ABLE

SUSTAIN-ABLE en 11-trinsmodel opdelt i to faser. Vi er nu nået til anden fase. I anden fase vil jeg fokusere på fremskridt – altså accelerering af den bæredygtige handleplan, hvor feedback fortsat er dronning, og konteksten er kongen (en central del af modellen).

Efter første session aftales der en opfølgning, hvor fokusområdet er: Are you able? Det betyder, at vi går ind og overvejer, om fokuspersonen er i stand til at komme i mål med den bæredygtige handleplan ud fra accelereringsgraden.

Det er også i anden fase, at vi koncentrerer os, om fokuspersonen er i stand til at bevare en personlig balance i handleplanen, læring og til sidst evaluering af den bæredygtige handleplan.

Fase to skal ses som en refleksion på de sidste fire trin, hvor vi går i en form for metaposition på den bæredygtig handleplan (er den bæredygtig?) og fremskridtene (er der fremskridt?). Vi kan på disse trin skabe læring på flere niveauer – både refleksion i metapositionen og læring på baggrund af vores erfaring fra den foreløbige bæredygtige handleplan. På den måde kommer vi op i et flyperspektiv (læringsposition), hvor vi bliver i stand til at betragte hele puslespillet og ændre på de brikker, det er nødvendigt at justere på.

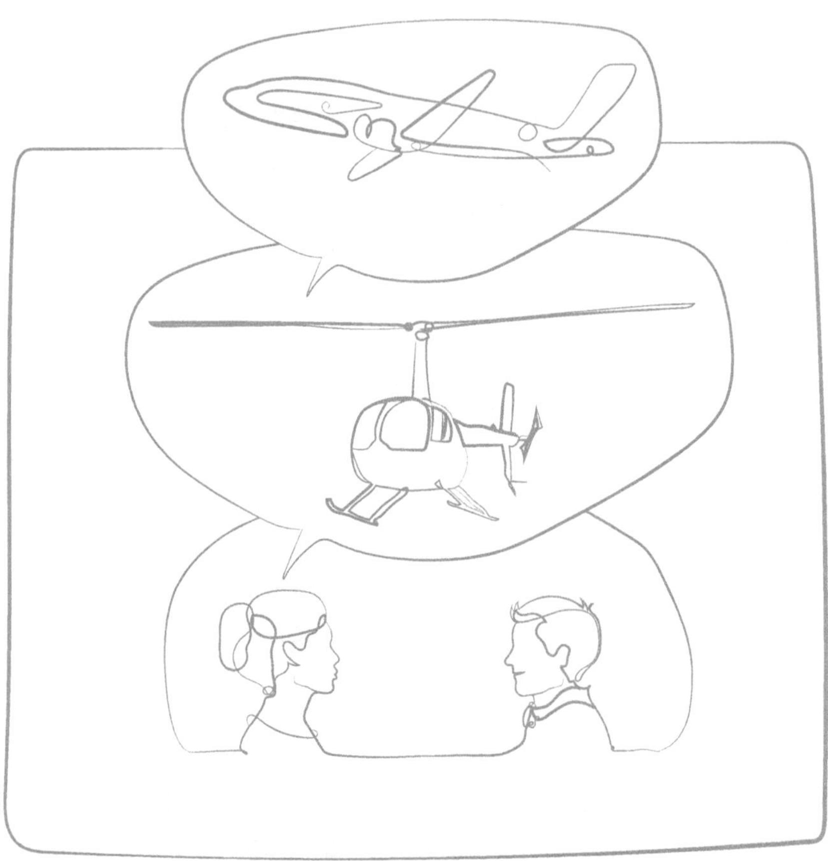

Det handler om at få fokuspersonen ud af sammenhængen og indtage forskellige positioner til refleksion og læring – metaposition og læringsposition.

Disse fire trin er designet til at sikre refleksion og læring for at undgå overmod, fordi vi anvender positionerne til forbedre vores kalibrering.

I ABLE anvendes både teknikker fra adfærdsdesign (planlægningsintentionen, murder boards, osv.), skalaspørgsmål og læring udforskes.

ABLE bliver således de sidste fire trin, hvor den bæredygtige handleplan, og herigennem løsningen, bliver testet og/eller justeret.

9.1. Accelerering af den bæredygtige handleplan

Are you able to accelerate?

Er den bæredygtige handlingsplan designet, så den kan udføres i praksis? Er der sket en accelerering i fokuspersonens bæredygtige handleplan?

Vi skal kigge på accelereringsgraden på en skala fra 0 til 10, hvor 0 er ingen accelerering, og 10 er maksimal accelerering. På den måde kan vi få et præcist tal på, hvor fokuspersonen er, og om accelereringen er ønskværdig.

Vælger fokuspersonen en accelereringsgrad på omkring 5, kan vi udforske, hvad fokuspersonen skal gøre mere af for at komme højere op. Det er også i den sammenhæng, vi får nogle input på, om der skal laves justeringer. Er fokuspersonen i tvivl om, hvad der skal justeres på, kan handleplanen gennemgås punkt for punkt, hvor der igen kan sættes skala på hvert enkelt punkt.

En accelereringsgrad på 7 er meget ønskværdig, og her er der kun brug for små justeringer. I vurdering af accelerering er det vigtigt at give positiv feedback for at skabe opadgående spiraler. (Se kapitlet om feedback.) Positiv feedback er endnu vigtigere, hvis fokuspersonen ikke er tilfreds med sin egen performance, da et skift i indstillingen kan hjælpe med at igangsætte eller bremse accelereringen. Vær også opmærksom på, at vi ikke ønsker en plan B, da dette stopper fokuspersonen med at udføre sin handleplan.

Er accelereringen under 3, så skal der tales om, hvilke konkrete ændringer der skal laves for, at accelereringen kan aktiveres, da denne accelereringsgrad er tegn på, at handleplanen ikke er bæredygtig nok. Det er dog vigtigt at være opmærksom på, at andre faktorer kan have spillet ind på fokuspersonens performance. Har vedkommende syge børn? Har der været krise på hjemmefronten? Og så videre. Hvorfor ligger forklaringen ikke i den bæredygtige handleplan, men på tidsrammen og konteksten? Fordi der er uforudsete faktorer, som påvirker fokuspersonens performance. Så inden den bæredygtige handleplan ændres, skal der undersøges, hvad der gør, at tallet ligger her.

En gennemgang af de forskellige punkter bliver her en hjælp. Her kan vi gå ind og konkret vurdere accelereringen på det enkelte punkt i den bæredygtige handleplan.

Ved feedback og en eventuel ændring er det vigtigt, at det ikke er negativ feedback, fordi det kan fjerne fokuspersonens motivation og performance. Det er igen også vigtigt, at der ikke er tale om en plan B, da dette også nedsætter fokuspersonens motivation og performance, hvilket får dem til at smide deres handleplan væk. Det centrale er at få dem til at fokusere på det, som de kan handle på. Det må gerne være små ting, så de oplever progression.

Vi kan også anvende loss aversion, fordi det får fokuspersoner til at skabe fokus, klarhed og motivation. Adfærdsforskere har som sagt konkluderet, at tab motiverer os mere end gevinst. Vi kan spørge fokuspersonen: Hvad mister du, hvis du ikke gør det? Hvordan vil du have det med det?

Feedback gives til fokuspersonen for at fremhæve fokuspersonens relevante fremskridt i forhold til deres mål. Dette kan gøres på de forskellige skridt. Denne form skaber også motivation, da dette tydeliggør, hvad fokuspersonen har nået, og hvad fokuspersonen mangler for at komme helt i mål.

Positiv feedback, en bæredygtig handleplan, loss aversion, kombineret med feedback, giver en klar vej og klar motivation til at komme i mål.

Kan vi konstatere, at planen ikke er bæredygtig, så skal vi ind og ændre handleplanen til en plan, der kan udføres, så den bliver bæredygtig. Her er det vigtigt at fremhæve, hvad fokuspersonen kan lære af denne proces, så det ikke udløser selvkritik, der hæmmer en ny bæredygtig handleplan.

9.2. Balance

Are you able to balance?

Næste trin i ABLE er balance. Her skal der vurderes, om fokuspersonen er i stand til at bevare balance mellem at performe og sine sunde strategier. Er den bæredygtige handlingsplan designet, så fokuspersonen kan bevare en balance i praksis igennem sunde strategier? Er der rum og plads til, at fokuspersonen kan udføre de sunde strategier? For ellers skal der skabes mere tid og rum.

Vi kan igen kigge på skalaen fra 0 til 10, hvor 0 er ingen sunde strategier, og 10 er maksimal udførelse af sunde strategier. På den måde kan vi få et præcis tal på, hvor fokuspersonen er, og om de sunde strategier er udbytterige.

I årenes løb har jeg opdaget, at de sunde strategier oftest kommer lidt i baggrunden, når fokuspersonen/fokuspersonerne bliver for optaget af målet og det at komme i mål, eller de generelt har for travlt.

Det er væsentligt at være opmærksom på, at bæredygtigheden i de menneskelige ressourcer ikke skal være i baggrunden, men i forgrunden, da dette er det centrale i at skabe performance, der giver resultater igen og igen.

Det bliver vores opgave at gøre det tydeligt for fokuspersonen for at understrege, at det ikke kun er det korte løb, vi fokuserer på, men det lange løb, hvor stress er en saga blot, ikke et vilkår.

Her er metapositionen igen en god måde at få fokuspersonen til at vurdere, hvordan den bæredygtige handleplan hænger sammen i vægtningen af performance og sunde strategier.

Nogle gange skal vi tilbage og kigge på den bæredygtige handleplan og konkret give positiv feedback på, hvor de sunde strategier skal tilføjes eller måske udvides.

Den bedste læring ligger i, at fokuspersonerne selv afprøver sunde strategier i praksis, så de selv har personlig erfaring med dem.

Efter udførelsen af de sunde strategier kan det også være motiverende, hvis vi skærper refleksionen ved at spørge:

- Hvordan havde du det, da du gjorde x?
- Hvordan havde du det, efter du havde gjort x?
- Hvilken følelse gav det dig?
- Hvad gjorde det dig i stand til?
- Hvad skal du minde dig selv om i forhold til x?

Det handler her om at stille skarp på det output, fokuspersonen får, når de udfører sunde strategier – for at få dem til at gentage dem. På den måde skaber vi en opadgående spiral på dette område.

For at fastholde fokuspersonens fokus på balance, kan vi spørge:

- Hvad vil du være i stand til, hvis du fortsætter
  med at være i balance?
- Hvordan ville du have det, hvis du fastholder dit
  fokus på balance?
- Hvad skal du fortsætte med?
- Hvad skal du gøre mere af?

På den måde fremhæver vi, hvad de skal have vedvarende
fokus på i deres bæredygtige handleplan.

9.3. Læring
Are you able to learn?

Næste trin i ABLE er læring. Her skal der vurderes, om fokuspersonen er i stand til at skabe læring både specifikt og generelt på baggrund af den nuværende bæredygtige handleplan. Nu har vi haft fokus på både accelerering og balance. Nu retter vi opmærksomheden på hele den bæredygtige handleplan.

Uanset om det er performancemål (den bedste strategi til at skabe performance), eller det er læringsmål (bedste måde at lære på), eller det er et kreativt mål (hvor er det bedst at være kreativ i forhold til det, der skal skabes?). Læring fremhæves af selve adfærden og vejen (hvad der gøres i processen) hen til målet samt metoden (hvordan det konkret løses i adfærden). Vi kan derfor:

- Betragte adfærden eller de konkrete (frem)skridt i en metaposition, hvor der igennem nysgerrig undersøgen er mulighed for at uddrage læring.
- Betragte adfærden eller de konkrete (frem)skridt i en metaposition, hvor det igennem feedback er muligt at fremhæve resultaterne og/eller fremskridtene.

Disse betragtninger skaber ikke kun læring, men skaber også muligheder for, at coachen kan hjælpe fokuspersonen strategisk at justere vejen (adfærden), hvis noget ikke fungerer optimalt. Betragtningerne giver muligheder ikke kun for at ændre valget, handlingerne (adfærden), men herigennem også resultaterne.

I forhold til læring skal vi være opmærksomme på, at fokuspersonen ikke kan lære, hvis denne er for presset eller stresset. Derfor skal vi være opmærksomme på, om fokuspersonen er i en zone, hvor denne har grobund for læring. Mennesker kan ikke være innovative, kreative eller gode til at se nye muligheder eller løsninger på fremtidens udfordringer, hvis de er presset helt ud over kanten.

Nærmeste udviklingszone er et begreb, som er udviklet af Vygotskij.

Vi har en tryghedszone, hvor fokuspersonen selv kan arbejde med nyt stof og tilegne sig viden. I udviklingszonen skal fokuspersonen have støtte til at tilegne sig ny viden. Personen vil være mere usikker – denne er den nærmeste udviklingszone:

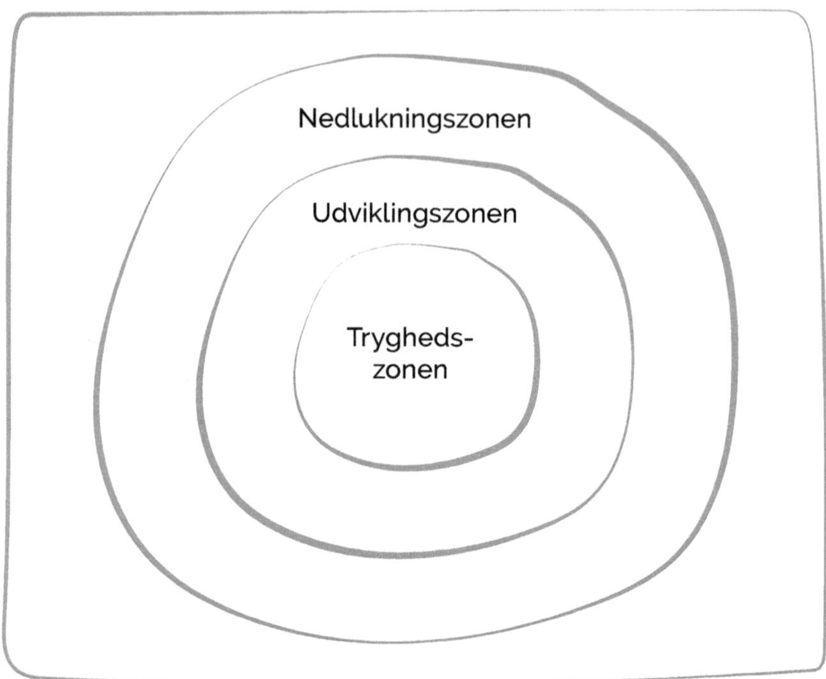

I den utrygge zone vil tilegnelse af ny viden være besværlig-gjort af usikkerhed, utrygheden ved situationen, og det kan for eksempel blive manifesteret ved, at fokuspersonen udviser trods, modstand eller går i sort (nedlukning) over nyt stof.

Der kommer ikke et bæredygtigt resultat, hvis personen bliver skubbet ud i den yderste zone.

Fokuspersonerne, der er stresset, udvikler sig ikke. Fokuspersonerne vil have vanskelighed ved at se den bæredygtige handleplan oppe fra en metaposition og læringsposition. Vi udforsker dette i denne fase, fordi vi spørger ind til læringen af det, de gør i deres bæredygtige handleplaner.

Generelt:

- Når du betragter din handleplan, hvad har du så lært?
- Hvordan vil du bruge din viden fremover?

Specifikt:

- Hvad har du lært af dine fremskridt?
- Hvad har du lært om din balance?
- Fungerer det?

Læringen kan anvendes til fremtidige gentagelser, fordi fokuspersonerne kan se deres egen formel og gentage den.

9.4. Evaluering

Are you able to evaluate?

Evaluering kan skabe en ekstra læring, hvor fokuspersonen bliver bevidst omkring de strategier, der skal bevares, og er med til at skabe vedvarende balance samt resultater. Det er væsentligt, så fokuspersonen bevidst kan anvende dem igen.

Vi har nu kigget på accelerering, balance og læring. Vi veksler imellem helikopter-perspektivet (metapositionen) og fly-perspektivet (læringspositionen), hvor vi kigger på justering af hele puslespillet systematisk og vurderende på den bæredygtige handleplan indtil videre.

Dette er inspireret af murder boards, fordi vi godt kan betragte de 10 foregående trin og evaluere på:

- Hvad virker?
- Er det den letteste vej for dig?
- Er det den bedste vej for dig?
- Kan der gøres mere eller mindre, som vil forbedre ovenstående (letteste og bedste) vej?
- Hvis der skal skæres noget fra, hvad skulle det så være?
- Hvad er det næste skridt?

Vi får samtidigt mulighed for at evaluere på de strategier, der anvendes. Herved evaluerer vi på, om indsatsen virker på den letteste og bedste måde.

På den måde ser vi på hele rejsen, vi har taget sammen med fokuspersonen. Den viden kan medbringes til fremtidige bæredygtige handleplaner.

Nogle gange kommer der justeringer, andre gange bliver fokuspersonen styrket i, at det er den rigtige bæredygtige handleplan. Uanset hvad, så skaber det motivation.

Case 1

Efter aftale med organisationen er det den faglige leder, der følger op. Jeg bliver anvendt som sparringspartner på processen. Ved opfølgning oplever den faglige leder modstand. Ved udspørgen er der flere forskellige mekanismer i spil: Stress, ubevidste mål og manglende forståelse af målet, samt hvorfor og hvordan man er nået frem til målet. Den faglige leder får feedback på, hvordan man coacher på indflydelse og accept i ABLE.

Accelerering (0-10)

- Hos de 22 af medarbejderne er der accelereringsgrad på 6-7. Nogle enkelte har vi en anderledes accelereringsgrad på:

- 4 ved medarbejder A. Han har stresssymptomer. Der kommer derfor en justering i forhold til balance (sunde strategier).

- 3 ved medarbejder B. Hun synes, at det påvirker relationsarbejdet med borgeren, hvorfor hun ikke har fulgt spørgsmålene. Der kommer herefter mere fokus på indflydelse på, hvordan formen kan være, så behandlingsplanen følges med plads til relationsarbejdet.

- 1 ved medarbejder C. Han kan ikke se meningen med behandlingsplanen, han har derfor kun nævnt til borgerne, at den skal laves. Her arbejdes der med accept af målet, hvordan målet er blevet stillet og hvorfor.

Balance

- Medarbejderne placerer sig gennemsnitlig på 5-7.

- Medarbejder A ligger dog på 3, hvorfor der som nævnt er mere fokus på de sunde strategier for at skabe mere balance.

Læring

* Hos 22 af medarbejderne er der skabt læring. De arbejder selv med spørgsmålene og fornemmer, at de er ved at kende redskabet. Mange er glade for, at der er plads til både pauser og progression. Flere nævner pauserne som det, der hjælper processen "behandlingsplanerne".
* Hos medarbejder A, B og C er der ingen læring.

Evaluering

* De 22 af medarbejderne evaluerer handleplanerne positivt.
* Medarbejder A er glad for, at han har mulighed for at sætte fokus på sin trivsel og opnå bedring.
* Medarbejder B er optimistisk over, at hun får lov til at arbejde handleplanen mere ind i sit relationsarbejde.
* Medarbejder C synes, at det er fint, at han får støtte og feedback til at forstå formålet og arbejde mere med behandlingsplanerne.

Når der arbejdes med stillet mål, og vi laver individuelle ABLE, så kommer der meget konkret feedback på, hvor og hvordan der skal sætte ind med justeringer.

Case 2

Accelerering (0-10)

Alle medarbejderne ligger på en accelereringsgrad mellem 7 og 9.

Balance

Medarbejderne ligger på 5-8, og de minder hinanden om, at de skal have det godt.

Læring

Medarbejderne udtaler, at de har lært at lave lækre løft, og hvis det glipper, så minder de hinanden om det på en støttende måde.

Evaluering

Medarbejderne er meget begejstret for handleplanen: det virker bare. De er glade for forløbet.

Case 3

I de opfølgende sessioner anvendte jeg ABLE ud fra den overordnede handleplan.

<table>
<tr><td>

Accelerering (0-10)

Der er forskel på accelereringsgrad ud fra de forskellige sessioner. Når graden er lav, arbejder vi med, hvad personen skal gøre mere af. Når graden er høj, så har vi fokus på, hvad han gør godt.

</td></tr>
<tr><td>

Balance

Der er igennem hele forløbet store udsving. Det er især ved travlhed, at det er svært at bevare balancen. Dette trin er derfor noget, som han får meget feedback på og selv har meget fokus på.

</td></tr>
<tr><td>

Læring

Han beskriver, at han har lært, at det ikke går, når han stopper med at bevare balancen. Det er især, når han stopper med de sunde strategier, at han oplever stresssymptomer.

</td></tr>
<tr><td>

Evaluering

Han har været glad for processen, og han vil fortsætte med at udføre handleplaner på denne måde. Han har til tider syntes, at jeg var træls, men han blev alligevel mere og mere taknemmelig for min feedback.

</td></tr>
</table>

Evaluering af coachen

Det er også din læring som coach, der kommer i spil. Det er væsentligt i bæredygtig coaching, at din udvikling også bygges videre på, fordi det netop handler om at tilpasse og udvikle bæredygtig coaching til den kontekst, det anvendes i, så det bliver holdbart og bæredygtigt.

Fokuspersonen skal derfor have mulighed for at evaluere din rolle:

- Er der noget, jeg skal gøre mere af?
- Er der noget, jeg skal mindre af?

På den måde kan du uddrage læring af hele processen til fremtidige processer.

ABLE kan anvendes igen og igen af coachen for at sikre, at fokuspersonen er på den rette vej.

Jeg har anvendt ABLE løbende i opfølgninger ved coachinger af enkelte fokuspersoner, teams og afdelinger.

10

KUNSTEN AT STILLE SPØRGSMÅL, DER GIVER BÆREDYGTIGHED

Hvis jeg havde en time til at finde frem til en klog løsning på en udfordring, som ville have livsafgørende betydning for mig, så ville jeg bruge de første 55 minutter på at finde frem til det vigtigste spørgsmål.

- Einstein

10.1. Spørgemålene i bæredygtig coaching

Spørgsmålene er din knægt. Et af de centrale omdrejningspunkter i bæredygtig coaching er at stille spørgsmål, der skaber refleksion, som skaber bæredygtig adfærd.

Spørgsmålene skal ses som eksempler på, hvad coachen kan spørge fokuspersonen om. Eksemplerne er ikke endegyldige eller udtømmelige, men guidninger inden for trinene i SUSTAIN-ABLE. Selvom spørgsmålene er knægten, så husk, at konteksten altid vil være kongen. Dette er netop inden for denne betragtning, at jeg ikke skelner mellem typer af spørgsmål, men mere i forhold til, hvilke spørgsmål jeg i tiden har stillet i hvert trin.

Psykologer har i over 100 år forfinet teknikken i at spørge på en måde, der skaber refleksion, og det er det, jeg vil opnå med dette kapitel. Det handler helt grundlæggende om at skabe refleksion. Hvad vi spørger om, hvornår vi spørger om det, og måden vi gør det på, har alt sammen en betydning.

Det betyder også, at jeg ikke skelner mellem lukkede eller åbne spørgsmål, mellem lineær, cirkulær, orienterende, på-virkende, konfronterende og procesorienterende spørgsmål.

Den overordnede tilgang til spørgen inden for bæredyg-tig coaching er en ydmyg, nysgerrig og interesseret tilgang. Coachen er katalysatoren for den bæredygtige coaching, ikke en dommer.

Det betyder, at vi spørger ind til fokuspersonerne, så vi bedst udforsker deres tanker, vinkler, idéer, forestillinger med mere. Det betyder også, at vi accepterer det, de bringer ind i coachingen, som vi udforsker med nysgerrighed og interes-se. Er vi ikke oprigtige i denne tilgang til udforskningen, men mekaniske, så vil coachen og fokuspersonen ikke få det ful-de udbytte, og vi snyder os selv for at få det optimale resul-tat. Vi skal inspirere fokuspersonerne og hjælpe dem på vej ved at stille spørgsmål i de trin, som de befinder sig i. På den måde kan vi hjælpe dem igennem processen til en bære-dygtig handleplan, der virker i praksis.

Din tilgang til spørgen bliver afsløret i din måde at kommunikere på (kropssprog, øjnekontakt, kropsholdning, tonefaldet, hvordan og hvornår du spørger) og din måde at lytte på. Vi skal lytte efter informationer og den ekspertviden, der er i denne enkelte kontekst.

Vi forsøger ikke at påvirke den anden, men vi udforsker deres landskab, indtil vi når igennem de syv trin i SUSTAIN, hvor den bæredygtige handleplan falder helt på plads. Vi genoptager denne form for spørgen, når vi går igennem de sidste fire trin i ABLE.

Som jeg fremhævede under feedback, så skal vi ikke gemme feedback i spørgsmål, det er ikke en optimal måde at give feedback eller stille spørgsmål på, og det kan give fokuspersonen en oplevelse af, at vi har en anden agenda, hvilket påvirker vores relation og i sidste ende resultatet. Derfor skal du skille feedback og spørgsmål fra hinanden. Selvom du er nysgerrig og udforskende i din måde at udspørge på, så kan du sagtens give åben, god feedback, som fokuspersonerne vil tage imod. Du skal blot gøre dem opmærksomme på: Nu kommer der feedback.

Jeg vil nu gennemgå alle trinene i SUSTAIN-ABLE, mine spørgsmål er en kilde til inspiration, ikke en definitiv manual.

Sæt mål

Inden for målsætning handler det både om, at det skal give mening, og kender fokuspersonen opgaverne, samt self-efficacy (troen på at kunne opnå målet og yde indsatsen).

Målsætningsform

- Hvad skal slutresultatet være?
- Er det et specifikt resultalt (igennem performance), der skal opnås?
- Er det et læringsmål, der skal opnås? Hvordan vil du lære det? hvordan foretrækker du at lære?
- Er det et kreativt mål? Hvordan er du kreativ?
- Er der behov for delmål?

Inden for målsætning er der tre overordnede grene: Stillet, stillet med indflydelse og selvsat mål.

Stillet mål

- Hvilket mål er der stillet?
- Hvilket skal slutresultatet skal det give?
- Giver målet mening for dig?
- Er der noget, vi skal spørge om, hvis målet skal give mere mening?
- Kender du arbejdsopgaverne, eller kan du tilegne dig dem?

Self-efficacy

- Tror du på, at du kan opnå målet der
  er stillet?
- Tror du på, at du kan yde den indsats,
  der skal til?

I mål sat med indflydelse skal vi op og spørge til retningen
og rammen, fordi det er på denne gren, at målet ikke er helt
fastsat, og vi skal udforske, om der er noget, der skal tilføjes.

Mål sat med indflydelse

- Er der en retning eller ramme?
- Er der et ønsket slutresultat?
- Hvad vil du gerne tilføje til målet?
- Kender du arbejdsopgaverne, eller kan
  du tilegne dig dem?
- Giver målet mening for dig/jer?
- Er der noget, vi skal tilføje, hvis målet
  skal give mere mening?

Self-efficacy

- Tror du på, at du kan opnå målet I har sat?
- Tror du på, at du kan yde den indsats, der skal
  til?

Ved selvsatte mål er ballet helt åbent, hvorfor vi kan spørge
mere ind til fokuspersonens drømme.

Selvsatte mål

- Hvad drømmer du om?
- Hvordan ser din hverdag ud, når du lykkes med det, du ønsker?
- Hvad er du i stand til at kunne, når du har opnået din drøm?
- Hvilket slutresultat ønsker du?
- Kender du arbejdsopgaverne, eller kan du tilegne dig dem?
- Er der behov for læring eller kreativitet?

Self-efficacy

- Tror du på, at du kan opnå dit eget mål?
- Tror du på, at du kan yde den indsats, der skal til?

Vi taler om drømme, som om de er gået i opfyldelse. Det er vores forestillinger om fremtiden, der skaber vores handlinger i nutiden.

I Kapitel 8. opdelte jeg målsætninger i performancemål, læringsmål og kreative mål. Adskillelsen kommer af, hvad der skal opnås, som er udforsket i stillet, stillet med indflydelse og selvsat mål.

Konteksten er stadig kongen, så jo mere du og fokuspersonen er opmærksom på konteksten, jo bedre.

Hvis målet ikke er selvsat, men stillet eller sat med indflydelse, så er afklaring af målsætningen stadig den samme, fordi vi skal have afklaret, hvilken form for mål der er tale om. Vi kan lave følgende opsummering sammen med fokuspersonen:

- Er vi enige om xxx?
- Kan du forestille dig xxx?
- Hvordan ser xxx ud?

I udforskningen er der mange områder, der kan udforskes. Årsagen til, at denne udforskning gerne må være omfangsrig, er, at vi ikke skal lægge os fast på det, vi plejer, vi skal udforske nye veje at gå. Det handler om at være i en udforskende position, hvor de mulige veje kalibreres, inden der lægges en endelig handleplan. Jo bedre kalibrering, jo bedre handleplan.

Udforsk handlinger

- Hvilke former for lette handlinger kan der udføres?
- Hvad er udfordrende for dig?
- Den foreløbige planlægningsintention, konkret:
    - Hvad skal der gøres?
    - Hvordan skal det gøres?
    - Hvem gør det?
    - Hvor gør du det?
    - Hvornår gør du det?
- Slå to fluer med et smæk – hvad kan kombineres?

- Hvad kan du tabe? Hvad får du ikke, hvis du ikke opnår målet?
- Fremtidige skrækscenarier:
    - Er der noget, du ser som et skrækscenarie?
    - Er det sandsynligt eller usandsynligt?
    - Hvad kan du gøre ved det sandsynlige?
- Murder board: Hvis vi kunne fjerne noget og stadigvæk nå i mål, hvad skulle det så være?
- Hvis jeg falder af hesten, hvad gør jeg så?
- Påmindelsen: Hvad skal minde dig om, hvad du skal gøre?
- Er opgaven kompleks? Skal der planlægningselestik i?
- Hvad vil fokuspersonen gerne undgå:
    - Hvad vil du helst undgå?
    - Er der noget, du vil have svært ved at udføre i praksis?

I hidtidige handleplaner har man ikke indarbejdet sunde strategier, men da bæredygtig coaching hviler på en balance mellem performance og sunde strategier, skal det også udforskes.

Sunde strategier udforskes

Hvordan hænger den foreløbige handleplan sammen med sunde strategier?

Disse trin skal være i handleplanen for at gøre den bæredygtig:

- Hvilke gode ting har du brug for undervejs?
    - Hvad giver dig energi?
    - Hvad gør dig glad?
    - Hvad gør dig godt?
    - Hvad skal du have fokus på?
    - Hvad har du brug for?

- Hvad er der i din oase?
    - Hvad skal du gøre dagligt?
    - Hvad skal du gøre ugentligt?
    - Hvad skal du gøre månedligt?
    - Hvad skal du gøre hvert kvartal?
    - Hvad skal du være opmærksom på for
      at bevare balancen imellem målet og
      dine behov?

Adfærdsforskningen har lært mig, at vi skal kalibrere – jo bedre kalibrering, jo bedre handleplan. Var denne kalibrering en naturlig del af alle handleplaner, så var der mange flere handleplaner (strategier, organisationsændringer, fusioner, osv.), der ville komme i mål. Tjek er begyndelsen på en kalibrering. Tjek målet, muligheder, handlinger samt de sunde strategier.

I tjekketrinnet gennemgår vi handleplanen og udforsker
følgende:

- Er der overensstemmelse mellem
  målet, handlingerne og de sunde
  håndteringsstrategier?
    - Skal der justeres imellem målet,
      handlingerne og de sunde
      håndteringsstrategier?
    - Hænger det sammen for dig?
    - Passer timerne med det, du gerne vil
      og har brug for?

Der tjekkes for, om det følgende passer ind i konteksten:

- Hvordan hænger det sammen med
  organisationens mål og strategier?
- Hvordan påvirker det mig og mine kollegaer?
- Er der overensstemmelse mellem disse
  målsætninger?

Der tjekkes for ubevidste mål:

- Er der noget, du drømmer om, der skal være
  anderledes?
- Hvis du havde frit valg, hvad ville du så ændre?

Der tjekkes for, hvad fokuspersonen kan gøre på daglig basis: Hvad kan du gøre hver dag, som bringer dig tættere på dit mål?

Der tjekkes for, hvornår fokuspersonen er i mål:

- Hvornår er du i mål?
- Hvordan ved du, at du er i mål?
- Hvordan ved andre, at du er i mål?

Der tjekkes for, hvad fokuspersonerne gør, hvis de kommer af sporet: Hvad gør du, hvis du falder af hesten?

En fortsættelse på kalibrering af en bæredygtig handleplan omhandler accept.

Accept af målet og handleplanen

En accept er afhængig af, hvorvidt målet er stillet, sat med indflydelse eller selvsat. Uanset hvad så er det en måde, hvorpå vi kan finde ud af, om vi har commitment. Udforskning ved stillet mål eller mål stillet med indflydelse må aldrig springes over. Vi kan udforske følgende:

- Kan du acceptere målet og handleplanen?
- I hvor høj grad er der accept?
    - Høj? Moderat? Lav?
    - Hvad skal der til for at øge din accept?

Ved selvsatte mål er dette mere et spørgsmål om ja eller nej. Det er også her, vi kan blive opmærksomme på, om der er noget, der skal ændres i indflydelsen.

Indflydelse

I indflydelsen fortsætter kalibreringen, dette trin er ligesom accept mest relevant ved stillet mål og mål stillet med ind-flydelse. Vi kan her udforske:

- Har du indflydelse på løsningen af opgaverne?
- Er der noget, du vil ændre?
    - Er der noget, du vil tilføje?
    - Er der noget, du vil fjerne?
- Hvad er vigtigst for dig at få med? Skal det med i planen?

Rejsen hen imod et højt, specifikt mål skal i bæredygtig coaching være god. Derfor kalder jeg det "nyd rejsen".

Nyd rejsen

En god rejse er den, der bliver nydt fra start til slut, og derfor skal vi udforske:

- Hvordan kan du bedst nyde rejsen?
- Hvilken indstilling kan støtte dig på rejsen?
    - Hvad skal den hedde?
    - Hvornår skal du minde dig selv om den?
- Hvad vil give dig arbejdsglæde?
- Hvad vil give dig glæde uden for dit arbejde?
- Hvorfor skal du nyde rejsen?
- Hvorfor vil du gøre det på denne her måde?

Bæredygtige handleplaner og resultater skabes ikke uden modvægten til performance. Det er det grundlag, SUSTAIN-ABLE er skabt på.

I det næste afsnit genbesøger vi den bæredygtige handleplan for at sikre os, at den er bæredygtig, samtidig med at vi skaber rum for læring og refleksion.

10.2. Den opfølgende session

Coachen giver feedback på indsatsen, og vi "stresstester" hele den bæredygtige handleplan, hvor der er mulighed for at lægge justeringer ind.

Det handler om at stille spørgsmål, der får fokuspersonen ud af konteksten og den sammenhæng, denne indgår i og betragter sig selv udefra i metapositionen, så der skabes refleksion. Metapositionen bliver også refereret til som helikopter-perspektivet, hvor vi ser tingene oppefra. Jeg har tilføjet fly-perspektivet, hvor vi går over metapositionen og betragter det hele (læringspositionen).

Accelerering af den bæredygtige handlingsplan

- Hvordan er progressionen? På en skala fra 0-10?
    - Hvilke skridt har du opnået?
    - Hvilke skridt mangler du?
    - Hvad har været let? Kan du anvende det til de kommende skridt?
- Har du anvendt din "hvad nu hvis"-plan?
- Hvornår er du mest motiveret?
    - Hvordan anvender du det (motivationen)?
    - Hvad hjælper din motivation på vej?
    - Hvornår er du ikke motiveret? Hvad gør du her?
- Hvad skal du fortsætte med at gøre?
- Er der noget, du skal gøre mere af?
- Er der noget, du skal gøre mindre af?

Balance

- Hvordan har du det? Hvordan har du
  bevaret balancen?
- Hvordan fungerer systemet? (kroppen, teamet,
  afdelingen, osv.)
- På en skala fra 1 til 10:
    - Hvor meget balance har du i dit
      arbejde?
    - Hvor meget balance har du i din fritid?
- Hvor afbalanceret føler du dig?
- Hvad gør du dagligt, ugentligt, månedligt,
  hvert kvartal? Hvad medfører det?
- Er der noget, du skal gøre mere af?
- Er der noget, du skal gøre mindre af?
- Er der et sted, hvor du mangler balance?
    - Er der noget, du skal tilføje?
    - Er der noget, du skal fjerne?

Læring (generelt og specifikt)

- Hvordan har du det? Er du i stand til at lære
  lige nu?
- Hvad har du lært? Vil du uddybe det?
- Hvad har virket? Vil du være specifik?
- Hvad skal du gøre mere af? (Forstærk det/
  forstør det.)
- Er der en læring, du får øje på, imens vi taler?
- Hvis andre skulle sige noget om din læring,
  hvad ville de så få øje på?
- Har du områder, som du vil lære mere af?

Evaluering

- Er det den letteste vej for dig?
- Er det den bedste vej for dig?
- Kan der gøres mere eller mindre, som vil forbedre ovenstående (letteste og bedste) vej?
- Hvad skal fjernes i din plan?
- Hvad er godt ved din plan?
    - Hvad skal du justere på?
    - Hvad skal du gøre fremover i forhold til det?
    - Skal der tilføjes eller fjernes noget?
- Hvad er din erfaring på nuværende tidspunkt?
- Hvad vil du kalde de strategier?
- Hvordan genkender du disse strategier?
- Hvornår har du særligt behov for disse strategier?
- Er der noget, der skal bygges videre på? Skal de videreudvikles?
- Hvordan har processen (rejsen) været?
- Hvad er din evaluering af processen (rejsen)?
- Hvilken tendens ser du, når du betragter:
    - din plan?
    - dig selv?
    - Er der noget her, du skal gøre mere eller mindre af?

Evaluering af coachen

- Hvad skal jeg gøre mere af?
- Hvad skal jeg gøre mindre af?
- Hvad skal jeg fortsætte med? Er der noget, der skal ændres?

Tak, fordi du læste med!

VIL DU HAVE MERE?

På min hjemmeside www.inspires.dk vil du kunne finde bonusmateriale med modellerne og ekstra materiale omkring bæredygtig coaching.

TAK

Denne bog er blevet til virkelighed, fordi mine kunder har givet mig lov til at være innovativ; det er jeg taknemmelig for.

Tak til min grafiker, som omsatte mine pindetegninger til smukke illustrationer.

Tusind tak til alle de kloge psykologer, der har givet mig feedback på bogen og tilegnet sig tilgangen i praksis.

Særligt tak til min mand og mine børn, som gav mig tid og plads til at skrive bogen.

Uden alle jer var det ikke blevet til noget – af hjertet tak!!!

KILDER

Forord

1. Coachinganalysen (2005). Udført af The Coaching Company, Copenhagen Buiness School.
2. Locke, E. A. and Latham, G. P. (2002): Building a Practically Useful Theory of Goal Setting and Task Motivation, American Psychologist, 57: 711.

Kapitel 1

3. 1977, Den danske ordbog.
4. Locke, E. A. and Latham, G. P. (2002): Building a Practically Useful Theory of Goal Setting and Task Motivation. American Psychologist, 57: 714.
5. Locke, E. A. and Latham, G. P. (2002) Building a Practically Useful Theory of Goal Setting and Task Motivation. American Psychologist, 57: 707.
6. Edited by Locke, E. A. and Latham, G. P. (2017): New Developments in Goal Setting and Task Performance. S. 52.

7. Locke, E. A. and Latham, G. P. (2002): Building a Practically Useful Theory of Goal Setting and Task Motivation American Psychologist, 57: 714.

8. Edited by Locke, E. A. and Latham, G. P. (2017): New Developments in Goal Setting and Task Performance. S. 5.

9. Locke, E. A. and Latham, G. P. (2002): Building a Practically Useful Theory of Goal Setting and Task Motivation. American Psychologist, 57: 706.

10. Locke, E. A. and Latham, G. P. (2002): Building a Practically Useful Theory of Goal Setting and Task Motivation. American Psychologist, 57: 707.

11. Locke, E. A. and Latham, G. P. (2002): Building a Practically Useful Theory of Goal Setting and Task Motivation. American Psychologist, 57: 707-12.

12. Locke, E. A. and Latham, G. P. (2007): New Developments in and Directions for Goal-Setting Research. European Psychologist. Vol 12(4) s. 292.

13. Edited by Locke, E. A. and Latham, G. P. (2017): New Developments in Goal Setting and Task Performance. S. 589

14. Locke et al. Goal Setting and Task Performance: 1969-1980 (1981), Psychological Bulletin, Vol. 90. No. I, 125-152

15. Edited by Locke, E. A. and Latham, G. P. (2017):
    New Developments in Goal Setting and Task
    Performance. S. 7.
16. Locke, E. A. and Latham, G. P. (2002): Building a
    Practically Useful Theory of Goal Setting and
    Task Motivation American Psychologist, 57: 712.
17. Locke, E. A. and Latham, G. P. (2002): Building a
    Practically Useful Theory of Goal Setting and
    Task Motivation. American Psychologist, 57:
    714.
18. Locke, E. A. and Latham, G. P. (2002): Building a
    Practically Useful Theory of Goal Setting and
    Task Motivation. American Psychologist, 57:
    707.
19. Kilde: Kahneman, 2011: 21.

Kapitel 3

20. Fredrickson (2010): Positivitet – kilder til vækst.
21. Straume (2004): Flow as a Resource: A
    Contribution to Organizational Psychology.
22. Fredrickson (2013): Positive Emotions Broaden
    and Build. Advances in Experimental Social
    Psychology, Volume 47.
23. Locke and Latham (2007): New Developments
    in and Directions for Goal Setting Research.

Kapitel 4

24. Mindfulness baseret kognitiv terapi. Hans Reitzel Forlag. (2014). S. 10-129.
25. Positiv psykologi. Hans Reitzel Forlag 2008. Redigeret af Myszak og Nørby.
26. Mindfulness Manual til træning I bevidst nærvær. Hans Reitzels Forlag (2010). Hecksher, Nilsen og Piet.

Kapitel 5

27. Langslet (2006). LØFT I organisationer. S. 23-46.

Kapitel 6

28. Senge (2003). Den femte discipline. S. 76-86.

Kapitel 7

29. Edited by Locke, E. A. and Latham, G. P. (2017): New Developments in Goal Setting and Task Performance. S. 626.
30. Edited by Locke, E. A. and Latham, G. P. (2017): New Developments in Goal Setting and Task Performance. S. 51.
31. Edited by Locke, E. A. and Latham, G. P. (2017): New Developments in Goal Setting and Task Performance. S. 53.
32. Locke, E. A. and Latham, G. P. (2002): Building a Practically Useful Theory of Goal Setting and

Task Motivation. American Psychologist, 57: 709

33. Edited by Locke, E. A. and Latham, G. P. (2017): New Developments in Goal Setting and Task Performance. S. 53.

34. Edited by Locke, E. A. and Latham, G. P. (2017): New Developments in Goal Setting and Task Performance. S. 351.

35. Edited by Locke, E. A. and Latham, G. P. (2017): New Developments in Goal Setting and Task Performance. S. 56.

36. Edited by Locke, E. A. and Latham, G. P. (2017): New Developments in Goal Setting and Task Performance. S. 52.

37. Locke, E. A. and Latham, G. P. (2002): Building a Practically Useful Theory of Goal Setting and Task Motivation. American Psychologist, 57: 706.

38. Locke, E. A. and Latham, G. P. (2002): Building a Practically Useful Theory of Goal Setting and Task Motivation. American Psychologist, 57: 708.

39. Ashley Goodall (2019): The Feedback Fallacy fra Harvard Business Review.

40. Edited by Locke, E. A. and Latham, G. P. (2017): New Developments in Goal Setting and Task Performance. S. 77.

41. Edited by Locke, E. A. and Latham, G. P. (2017): New Developments in Goal Setting and Task Performance. S. 81.

42. Edited by Locke, E. A. and Latham, G. P. (2017):
New Developments in Goal Setting and Task
Performance. S. 57.

43. Ashley Goodall (2019): The Feedback Fallacy
fra Harvard Business Review.

44. Edited by Locke, E. A. and Latham, G. P. (2017):
New Developments in Goal Setting and Task
Performance. S. 348.

45. Edited by Locke, E. A. and Latham, G. P. (2017):
New Developments in Goal Setting and Task
Performance. S. 352 and 346.

46. Edited by Locke, E. A. and Latham, G. P. (2017):
New Developments in Goal Setting and Task
Performance. S. 133.

47. Locke, E. A. and Latham, G. P. (2002): Building a
Practically Useful Theory of Goal Setting and
Task Motivation. American Psychologist, 57:
708.

48. Edited by Locke, E. A. and Latham, G. P. (2017):
New Developments in Goal Setting and Task
Performance. S. 78.

49. Locke, E. A. and Latham, G. P. (2002): Building a
Practically Useful Theory of Goal Setting and
Task Motivation. American Psychologist, 57:
708.

Kapitel 8

50. Locke, E. A. and Latham, G. P. (2002): Building a
Practically Useful Theory of Goal Setting and

Task Motivation. American Psychologist, 57: 707.

51. Fredrickson, B. L. (2001): The Role of Positive Emotions in Positive Psychology: The Broaden-and-build Theory of Positive Emotions. American Psychologist, 56: 218-226.

52. Locke, E. A. and Latham, G. P. (2002): Building a Practically Useful Theory of Goal Setting and Task Motivation. American Psychologist, 57: 708-12.

53. Locke, E. A. and Latham, G. P. (2002): Building a Practically Useful Theory of Goal Setting and Task Motivation. American Psychologist, 57: 709.

54. Edited by Locke, E. A. and Latham, G. P. (2017): New Developments in Goal Setting and Task Performance. S. 575.

55. Edited by Locke, E. A. and Latham, G. P. (2017): New Developments in Goal Setting and Task Performance. S. 345.

56. Edited by Locke, E. A. and Latham, G. P. (2017): New Developments in Goal Setting and Task Performance. S. 197.

57. Edited by Locke, E. A. and Latham, G. P. (2017): New Developments in Goal Setting and Task Performance. S. 572.

58. Edited by Locke, E. A. and Latham, G. P. (2017): New Developments in Goal Setting and Task Performance. S. 209.

59. Edited by Locke, E. A. and Latham, G. P. (2017):
     New Developments in Goal Setting and Task
     Performance. S. 571.
60. Edited by Locke, E. A. and Latham, G. P. (2017):
     New Developments in Goal Setting and Task
     Performance. S. 195.
61. Edited by Locke, E. A. and Latham, G. P. (2017):
     New Developments in Goal Setting and Task
     Performance. S. 201.
62. Edited by Locke, E. A. and Latham, G. P. (2017):
     New Developments in Goal Setting and Task
     Performance. S. 201.
63. Locke, E. A. and Latham, G. P. (2007) New
     Developments in and Directions for Goal-
     Setting Research. European Psychologist. Vol
     12(4) s. 293.
64. Edited by Locke, E. A. and Latham, G. P. (2017):
     New Developments in Goal Setting and Task
     Performance. S. 347.
65. Edited by Locke, E. A. and Latham, G. P. (2017):
     New Developments in Goal Setting and Task
     Performance. S. 343.
66. Edited by Locke, E. A. and Latham, G. P. (2017):
     New Developments in Goal Setting and Task
     Performance. S. 352.
67. Edited by Locke, E. A. and Latham, G. P. (2017):
     New Developments in Goal Setting and Task
     Performance. S. 344.

68. Edited by Locke, E. A. and Latham, G. P. (2017): New Developments in Goal Setting and Task Performance. S. 349.

69. Edited by Locke, E. A. and Latham, G. P. (2017): New Developments in Goal Setting and Task Performance. S. 352.

70. Edited by Locke, E. A. and Latham, G. P. (2017): New Developments in Goal Setting and Task Performance. S. 589.

71. Locke, E. A. and Latham, G. P. (2002): Building a Practically Useful Theory of Goal Setting and Task Motivation. American Psychologist, 57: 709.

72. Locke, E. A. and Latham, G. P. (2002): Building a Practically Useful Theory of Goal Setting and Task Motivation. American Psychologist, 57: 709.

73. Locke, E. A. and Latham, G. P. (2002): Building a Practically Useful Theory of Goal Setting and Task Motivation. American Psychologist, 57: 708.

74. Edited by Locke, E. A. and Latham, G. P. (2017): New Developments in Goal Setting and Task Performance. S. 10.

75. Edited by Locke, E. A. and Latham, G. P. (2017): New Developments in Goal Setting and Task Performance. S. 133.

76. Edited by Locke, E. A. and Latham, G. P. (2017): New Developments in Goal Setting and Task Performance. S. 571.

77. Edited by Locke, E. A. and Latham, G. P. (2017): New Developments in Goal Setting and Task Performance. S. 197-198.

78. Edited by Locke, E. A. and Latham, G. P. (2017): New Developments in Goal Setting and Task Performance. S. 209.

79. Edited by Locke, E. A. and Latham, G. P. (2017): New Developments in Goal Setting and Task Performance. S. 549.

80. Edited by Locke, E. A. and Latham, G. P. (2017): New Developments in Goal Setting and Task Performance. S. 555.

81. Edited by Locke, E. A. and Latham, G. P. (2017): New Developments in Goal Setting and Task Performance. S. 549.

82. Edited by Locke, E. A. and Latham, G. P. (2017): New Developments in Goal Setting and Task Performance. S. 550.

83. Edited by Locke, E. A. and Latham, G. P. (2017): New Developments in Goal Setting and Task Performance. S.551.

84. Edited by Locke, E. A. and Latham, G. P. (2017): New Developments in Goal Setting and Task Performance. S. 555.

85. Edited by Locke, E. A. and Latham, G. P. (2017): New Developments in Goal Setting and Task Performance. S. 556.

86. Edited by Locke, E. A. and Latham, G. P. (2017): New Developments in Goal Setting and Task Performance. S. 557.

87. Edited by Locke, E. A. and Latham, G. P. (2017): New Developments in Goal Setting and Task Performance. S. 557.
88. Edited by Locke, E. A. and Latham, G. P. (2017): New Developments in Goal Setting and Task Performance. S. 561.
89. Milkman et al. (2016): How backup plans can harm goal pursuit: The unexpected downside of being prepared for failure, Organizational Behavior and Human Decision Processes 135, s. 1-9.
90. Taylor (1998): A Survival Guide for Project Managers.
91. Fra Den danske ordbog, kapitel: 2,6,8 og 9.
92. Shai Danzigera et al. (2011): Extraneous Factors in Judicial Decisions. Proceedings of the National Academy of Sciences.
93. Locke, E. A. and Latham, G. P. (2007): New Developments in and Directions for Goal-Setting Research. European Psychologist. Vol 12(4) s. 296.
94. Locke, E. A. and Latham, G. P. (2007): New Developments in and Directions for Goal-Setting Research. European Psychologist. Vol 12(4) s. 296.
95. Locke, E. A. and Latham, G. P. (2002): Building a Practically useful Theory of Goal Setting and Task Motivation. American Psychologist, 57: 707.

96. Krueger P. M., Friedman E. M.: Sleep duration in the United States: a cross-sectional population-based study. Am J Epi 2009;169:1052-63.

97. Hunter, M. R., Gillespie, B. W. & Chen S. Y.-P. (2019): Urban Nature Experiences Reduce Stress in the Context of Daily Life Based on Salivary Biomarkers. Frontiers in Psychology, 10.

98. Hale L.: Who has time to sleep? J Public Health (Oxf) 2005;27:205-11.

99. Basner M., Fomberstein K. M., Razavi F. M et al. American Time Use Survey: Sleep time and its relationship to waking activities. Sleep 2007;30:1085-95.

100. Linton S. J., Kecklund G., Franklin K. A. et al.: The effect of the work environment on future sleep disturbances: a systematic review. Sleep Med Rev 2014;23C:10-9.

101. Rugulies et al. (2012): Deadlines at work and sleep quality. Cross-sectional and longitudinal findings among Danish knowledge workers.55:260-9.

102. Eriksen et al. (2008): Work factors as predictors of poor sleep in nurses' aides. Int Arch Occup Environ Health;81:301-10.

103. Germain (2013): Sleep disturbance as the hallmark of PTSD: Were are we now?

104. Hunter et al. (2015): Give Me a Better Break: Choosing Workday Break Activities to Maximize

Resource Recovery. Journal of Applied Psychology. Advance online publication.

105. Ferrie J. E., Shipley M. J., Akbaraly T. N. et al.: Change in sleep duration and cognitive function: findings from the Whitehall II Study. Sleep 2011;34:565-73.

106. Goel N., Basner M., Rao H. et al.: Circadian rhythms, sleep deprivation, and human performance. Prog Mol Biol Transl Sci 2013;119:155-90.

107. Faraut B., Nakib S., Drogou C. et al.: Napping reverses the salivary interleukin and urinary norepinephrine changes induced by sleep restriction. J Clin Endocrinol Metab 2015;100:E416-E426.

108. Meier-Ewert H. K., Ridker P. M., Rifai N. et al.: Effect of sleep loss on Creactive protein, an inflammatory marker of cardiovascular risk. J Am Coll Cardiol 2004;43:678-83.

109. Faraut B., Nakib S., Drogou C. et al.: Naping reverses the salivary interleukin and urinary norepinephrine changes induced by sleeprestriction. J Clin Endocrinol Metab 2015;100:E416-E426.

110. Milkman et al. (2014): Holding the Hunger Games Hostage at the Gym: An Evaluation of Temptation Bundling in Manage Sci. Feb; 60(2): 283–299.

111. Charles Duhigg (2014): The Power of Habit – Why We Do What We Do in Life and Business.

112. Edited by Locke, E. A. and Latham, G. P. (2017): New Developments in Goal Setting and Task Performance. S. 574-575.

113. Edited by Locke, E. A. and Latham, G. P. (2017): New Developments in Goal Setting and Task Performance. S. 575.

114. Amabile and Kramer (2011): The Power of Small Wins. Harvard Business Review.

115. Edited by Locke, E. A. and Latham, G. P. (2017): New Developments in Goal Setting and Task Performance. S. 83.

116. Erez and Zidon (1984): Effect of Goal Acceptance on the Relationship of Goal Difficulty to Performance. Journal of Applied Psychology. Vol. 69, No. 1, 69-78.

117. Edited by Locke, E. A. and Latham, G. P. (2017): New Developments in Goal Setting and Task Performance. S. 7.

118. Locke, E. A. and Latham, G. P. (2002): Building a Practically Useful Theory of Goal Setting and Task Motivation. American Psychologist, 57: 707.

119. Edited by Locke, E. A. and Latham, G. P. (2017): New Developments in Goal Setting and Task Performance. S 598.

120. Edited by Locke, E. A. and Latham, G. P. (2017): New Developments in Goal Setting and Task Performance. S. 201.

121. Locke, E. A. and Latham, G. P. (2002): Building a Practically Useful Theory of Goal Setting and

Task Motivation. American Psychologist, 57:
708.

122. Latham and Baldes (1975): The "Practical
Significance" of Locke's Theory og Goal
Setting. Journal of Applied Psychology. Vol. 60,
No. 1, 122-124.

123. Eriksen W, Bjorvatn B, Bruusgaard D et al.:
Work factors as predictors of poor sleep in
nurses' aides. Int Arch Occup Environ Health
2008;81;301-10.

124. Fredrickson (2013): Positive Emotions Broaden
and Build. Advances in Experimental Social
Psychology, Volume 47.

OM FORFATTEREN

Anna-Mette Thomsen er uddannet psykolog, hun er supervisor og specialistgodkendt i arbejds- og organisationspsykologi.

Hun er indehaver af det erhvervspsykologiske konsulenthus Inspires ApS. Her arbejder hun med en bred vifte af erhvervspsykologiske opgaver, herunder særligt med coaching, ledelse og organisationsudvikling.

Siden 2016 har hun arbejdet på at koble bæredygtighed sammen med organisationspsykologi. Hun er en efterspurgt underviser og formidabel formidler.

Hendes særlige kompetence er at opbygge skræddersyede organisations- og lederudviklingsforløb med udgangspunkt i de strategiske målsætninger. Målet er at skabe en bæredygtig organisation, hvor ledere og medarbejdere trives samtidig med, at de skaber resultater. Hendes innovative tilgang og gode humør giver unikke løsningsforslag, som virker.